Ina Alice Gerdes
Begleitende Texte von Clara Ute Laves

Ruheinseln
Kinder kommen bei sich an

Wahrnehmungsförderung durch Massagen, Traumreisen und Spiele

2. Auflage, 2023
Copyright 2010 by infantastic Versand und Verlag
Umschlagzeichnung/Illustrationen: Ina Alice Gerdes
Gestaltung/Satz/Druck: agentur-masloff
ISBN: 978-3-00-033262-3

Vorwort

In diesem Buch werden drei Methoden beschrieben, die sonst oft einzeln behandelt werden. Es vereint im ersten Kapitel Massagegeschichten, dann folgen Traumreisen und abschließend finden Sie Spiele zur Förderung der Körperwahrnehmung. Die Zeichnungen zum Abpausen oder Kopieren und dann Ausmalen runden das Buch ab.

Die Inhalte des Buches sind der Feder und Erfahrung von Ina Alice Gerdes entsprungen. Im Team hat Ina dann mit Clara Ute Laves die Texte ausgefeilt. Die Einführungen zum Buch und zu den einzelnen Kapiteln entstammen Clara Utes Feder.

Die Anregungen aus diesem Buch können Sie mit Ihren Kindern zu Hause, aber auch in einer Gruppe durchführen. Gerade die Spiele zur Körperwahrnehmung lassen sich auch gut bei einem Kindergeburtstag umsetzen. Erzieher/-innen und Lehrer/-innen finden hier auch Ideen, um Kinder über Berührung und Bewegung im ganzheitlichen Lernen zu unterstützen.

Eines muss allerdings hier klar gesagt werden: Die hier beschriebenen Ideen sind für gesunde Kinder gedacht und ersetzen keine Therapie! Wir hoffen aber, mit diesem Buch einen Beitrag zur Unterstützung der Körperwahrnehmung leisten zu können und dazu, dass sich Kinder in ihrem Körper wohl fühlen und besser bei sich ankommen.

Wir möchten Sie einladen, die Erlebnisse, die Sie durch dieses Buch mit Kindern machen, aufzuschreiben und uns zu schicken. Wir freuen uns über Rückmeldungen, aber auch über Fragen oder Verbesserungsvorschläge. Sie erreichen uns über den Verlag unter info@infantastic.de.

Für Riko und Enno,
die tollsten Söhne der Welt.

Ina Alice Gerdes

Inhalt

Warum Körperwahrnehmung in der Kindheit wichtig ist

Je früher ein Kind lernt, auf seinen Körper zu hören, umso aufmerksamer wird es seine Signale wahrnehmen. Je mehr Übung es im Laufe seines Lebens damit bekommt, desto bewusster wird es körperliche Grenzen wahr- und ernstnehmen und auch später im Leben achtsamer mit sich selbst umgehen. Je besser ein Mensch von klein auf lernt, für seinen Körper zu sorgen, desto gesünder wird wahrscheinlich auch sein späteres Leben verlaufen.

Unser Körper bleibt das ganze Leben lang unser „erstes Zuhause"

Kinder lernen über den Körper sich wahrzunehmen: das heißt in erster Linie über Berührung und Bewegung. Im Kontakt mit anderen werden Informationen zur eigenen Körperlichkeit ausgetauscht und bewertet. Ein inneres Bild des Körpers entsteht aus der Summe aller auf den Körper bezogenen Empfindungen und Erfahrungen. Diese mit der Zeit gesammelten Erfahrungen helfen ihnen, sich im sozialen Umfeld zu orientieren. So entwickelt sich über angenehme und unangenehme Berührungen und Begegnungen mit den Mitmenschen eine innere und individuelle Vorstellung, Einschätzung und Haltung zum eigenen Körper und letztendlich auch zur eigenen Persönlichkeit. Daraus entsteht ein unbewusstes und spontan abrufbares inneres Bild der Fähigkeiten und Möglichkeiten des Körpers.

Und nur einen geringen Teil dieses Empfindens können wir in unser Bewusstsein rufen. Die Schulung des Körpergefühls braucht eine gewisse Übung und auch Regelmäßigkeit, denn ohne Berührungsreize geht unser Körperbild schnell verloren. Ohne ein gutes Körperbild laufen wir Gefahr uns zu verletzen und sind schmerzfreie Bewegungen nicht möglich. Man kann deshalb auch sagen, dass eine gute Körperwahrnehmung eine Vorbeugung vor Verletzungen bedeutet.

Diese Vorstellungen vom Selbst werden in späteren Situationen als Referenz herangezogen, um zu reagieren und sich zu positionieren. Laufen diese Erfahrungen wiederholt positiv ab, entsteht ein Repertoire an Möglichkeiten zu reagieren und das Kind erlebt seine Handlungskompetenzen. Das Kind hat dann ein positives Selbstbild und daraus erwächst Selbstvertrauen.

Durch das Erleben positiver Berührungen schüttet der Körper verschiedene Hormone aus, die den Regelkreis der Entspannung unterstützen. Ein besonders wichtiges Hormon ist dabei Oxytocin, ein Botenstoff, der im Gehirn ausgeschüttet und über das Blut im Körper verteilt wird. Im Volksmund wird es auch das „Liebeshormon" genannt. Forschungen von Kerstin Uvnäs-Moberg aus Schweden legen nahe, dass ein erhöhter Oxytocinspiegel Ängstlichkeit reduziert, Kontaktaufnahme und soziales Lernen fördert sowie das Immunsystem stärkt. Dieses Hormon soll auch die Entstehung von neuen Interaktionsmustern zwischen Nervenzellen unterstützen, so der Neurologe Gareth Leng aus Schottland. Maria Hernandez-Reif vom Touch Research Institute aus Miami, USA fand heraus, dass der Abbau des Stresshormons Cortisol durch Berührung begünstigt wird. Es ist also naheliegend zu sagen, dass mehr Berührung und Oxytocin im Körper ein entspannteres Lernen und ein positives Sozialverhalten begünstigt.

Aus Körperwahrnehmung wird Selbstvertrauen und daraus wächst Sozialverhalten

Gerald Hüther, einer der führenden Hirnforscher in Deutschland, hat sich intensiv mit der Entwicklung von Kindern in Hinblick auf soziales Verhalten, Gehirnvernetzungen und Gewaltprävention beschäftigt. Er sagt, Kinder müssen lernen, ihre Aufmerksamkeit auf eine gemeinsame Tätigkeit zu lenken. Über den Fokus auf einen Gegenstand oder eine gemeinsame Beschäftigung lernen Kinder, sich mit einem anderen Menschen verbunden zu fühlen. Hier spielen gemeinsame Erlebnisse mit den Eltern eine wichtige Rolle. Eltern können ihren Kindern helfen, indem sie mit ihrem Kind ein Buch lesen oder gemeinsam spielen. So entstehen Erfahrungen, die „das soziale Gehirn füttern".

Dazu möchte ich auch Remo H. Largo, einen renommierten Kinderarzt und Buchautor aus der Schweiz zitieren:

„Das Wertvollste, was Eltern ihrem Kind geben können, ist ihre Zeit."

Wir möchten Mütter wie Väter ermutigen, mit ihren Kindern gemeinsam auf „Ruheinseln zu reisen". Als Eltern möchten wir, dass unsere Kinder gut durchs Leben kommen. Mit unserer Begleitung und Erziehung packen wir ihnen den „Rucksack" mit Rüstzeug fürs Leben und so prägen wir auch einen großen Teil ihrer Kindheitserinnerungen. Die Unterschiede, die zwischen Müttern und Vätern auftreten können, sind für die Kinder eine Bereicherung und dürfen sein.

Dieses Buch wendet sich aber auch an pädagogische Begleiter wie Erzieher/-innen und Lehrer/-innen und stellt eine Anregung zum ganzheitlichen Lernen mit Spaß dar. Die Inhalte aus diesem Buch lassen sich auch im Tagesablauf von Gruppen umsetzen, um so den Lernprozess der Kinder zu fördern.

Clara Ute Laves

Was bietet dieses Buch, um ein positives Körperbild von Kindern zu unterstützen?

Die **Massagegeschichten** laden Sie und Kinder ein, spielerisch Berührungen zu genießen. Durch die Wiederholungen entsteht für die Kinder ein Ritual, sie wissen bald, was als Nächstes kommen wird und können sich dann immer weiter einlassen. Diese „Berechenbarkeit" führt oft zu einer tiefer gehenden Entspannung. Durch das „um Erlaubnis Fragen" wird dem Kind vermittelt: „Dein Körper gehört dir und du kannst zu Berührungen, die dir unangenehm sind, „Nein" sagen." Dieses „Nein" zur Massage wird immer voll und ganz akzeptiert.

Mit den **Traumreisen** regen Sie nicht nur die Phantasie Ihres Kindes an, Sie unterstützen auch die Fähigkeit zur Entspannung.

Die **Spiele** fördern die Geschicklichkeit, die Wahrnehmung über verschiedene Sinne und sie regen den Gleichgewichtssinn an. Die Spiele sollen den Kindern Spaß machen, denn spielend lernt es sich am besten.

Die nach der Übung geführten **Gespräche** helfen dem Kind, das Erlebte zu vertiefen, Worte zu finden und auch Veränderungen und Entwicklungen des eigenen Körpers wahrzunehmen. Wir möchten anregen: Nehmen Sie sich Zeit und hören Sie vor allem zu! Stellen Sie eher zurückhaltende Fragen, die dem Kind helfen, die Erfahrung zu reflektieren. Vertrauen Sie dabei auf das, was Sie gemeinsam mit den Geschichten erlebt haben, manchmal gibt es auch keine Worte dafür.

Bei der Reflexion in der Gruppe kommen die Kinder anschließend in einem Kreis zusammen und können erzählen, was ihnen am besten und was am wenigsten gefallen hat. Dabei üben sie nicht nur in sich hineinzufühlen, sondern auch, sich in der Gruppe mitzuteilen. Sie lernen, von sich zu erzählen und sich zu behaupten. Dies kann das gegenseitige Einfühlungsvermögen und ebenso die Gruppendynamik stärken.

Die **Zeichnungen** geben Kindern die Möglichkeit, über Abpausen der Bilder und anschließendes Ausmalen ihre Feinmotorik zu üben. Die Zeichnungen könnten natürlich auch kopiert werden, dies gibt den Kindern aber nicht das gleiche Maß an Herausforderung und Lernerfolg. Hier kommt es auf Übungspraxis und Spaß an, nicht auf akkurates Übertragen der Bilder. Die Kinder können natürlich auch ihre eigenen Bilder dazu malen.

Ina und ich würden uns freuen, wenn dieses Buch einen Betrag leistet, damit Kinder in ihrer Individualität, mit all ihren Stärken und Schwächen gesehen und angenommen werden. Wir wünschen Ihnen und Ihren Kindern viel Freude beim Erkunden und Umsetzen der Anregungen zur Körperwahrnehmung in diesem Buch.

Clara Ute Laves

Tipps zur Orientierung in diesem Buch

Die Anregungen in diesem Buch können mit Ihren Kindern zu Hause, mit einer Gruppe im Kindergarten oder auch in der Schule durchgeführt werden; manche können Sie sogar bei einem Kindergeburtstag einbringen.

Die drei Kapitel sind einfach an den Reitern der Seitenränder auszumachen. Zu Beginn der einzelnen Kapitel finden Sie jeweils eine vertiefende Einführung und Anleitungen, was bei der Durchführung der verschiedenen Methoden zu beachten ist. Darauf folgt das jeweilige Inhaltsverzeichnis mit einer Übersicht zu den Themen. In der oberen Zeile jeder Seite erkennen Sie, bei welchem Thema Sie sich gerade befinden. Sie können so das momentane Lieblingsthema Ihres Kindes aufnehmen und eine Massagegeschichte beispielsweise zum Thema Weltraum mit einer Traumreise oder einem Wahrnehmungsspiel zu diesem Thema kombinieren.

Auf der hinteren Umschlagseite finden Sie zu den Traumreisen das Anfangs- und das Abschlussritual. Sie können es ausklappen und finden es so immer griffbereit.

Eingestreut in die Kapitel finden Sie die folgenden Strukturelemente:

Erfahrungen aus der Praxis
Hier finden Sie Tipps, die sich bei der Durchführung der einzelnen Übungen bewährt haben, oder Anregungen, wie Sie die Übung erweitern können.

Wissenswertes und Tipps
An einigen Stellen werden Sie vertiefende Hintergrundinformationen zu bestimmten Themen oder Tipps zur Durchführung entdecken.

Fragen zur Vertiefung des Erlebens
In den einzelnen Geschichten finden Sie immer wieder Hinweise zu möglichen Fragen, die mit einem ❤ gekennzeichnet sind. Sie können dann Ihrem Kind die dort stehende Frage stellen, um die Übung damit zu vertiefen. Ziel ist es, das Kind einzubeziehen und seine Phantasie anzuregen und auch die Konzentration zu vertiefen. Wir möchten Sie ermutigen, kreativ damit umzugehen. Sollte das Kind in eine tiefe Entspannung kommen, dann stellen Sie die Frage besser nicht. Durch eine Antwort würde das Kind diesen „magischen Moment" der Ruhe unterbrechen und in die „denkende Welt" auftauchen. Genießen Sie diesen Augenblick, denn Sie haben Ihrem Kind geholfen, sich ganz tief zu entspannen und eine Ruheinsel zu besuchen. Wenn Sie möchten, können Sie aber auch eigene Fragen stellen und die Übungen so zu Ihren eigenen machen. Beobachten Sie die Reaktionen Ihres Kindes und folgen Sie Ihren Impulsen. Sie kennen Ihr Kind am besten und wissen, worauf es positiv reagiert.

Clara Ute Laves

Massage nach Geschichten

Kinder mögen Geschichten und lernen sich und ihren Körper über Berührung kennen. Da liegt es nahe, beides miteinander zu verbinden. In diesem Kapitel finden Sie Massagegeschichten zu verschiedenen Themen, zielgerichtet auf verschiedene Altersstufen, um Ihnen eine Anregung zu geben, sich mit Ihrem Kind Zeit zu nehmen.

Auch wenn dieses Buch insbesondere Eltern anregen möchte, über Massage mit ihrem Kind gemeinsam auf eine Ruheinsel zu reisen, besteht auch die Möglichkeit, dass sich andere Familienmitglieder wie Geschwister untereinander massieren. So manches Kind hat sogar auch schon die Eltern massiert. Einige Massagegeschichten können auch in der Gruppe im Kindergarten oder der Schule eingesetzt werden. Durch die Massagegeschichten haben wir schon erlebt, dass gerade die Tatsache, dass die Kinder sich vor der Massage um Erlaubnis fragen, zu einer Verbesserung des sozialen Umgangs miteinander beigetragen hat. Für kleinere Kinder eignen sich die Tiergeschichten oft besser. Probieren Sie aus!

Die Massagen können mit Öl direkt auf der Haut, aber auch ohne und dann auf der Kleidung durchgeführt werden. Wichtig ist, wobei sich das Kind wohlfühlt!

Experimentieren Sie mit dem Druck und fragen Sie Ihr Kind, welcher Druck angenehm ist. Bei der Rückenmassage ist es wichtig, die Wirbelsäule frei zu lassen. Bleiben Sie also auf den Muskeln rechts und links der Mitte des Rückens.

An Textstellen mit ❤ werden Sie zur Interaktion mit Ihrem Kind ermutigt. Darüber können Sie es noch besser in die Geschichte einbeziehen oder herausfinden, was Ihrem Kind gefällt.

Lesen Sie die Massagegeschichten erst einmal durch und machen Sie sich mit der Anleitung vertraut. Die Praxisanleitung, die Ihnen sagt, wie Sie die Massage durchführen können, finden Sie als erstes kursiv gedruckt, dann folgt der Inhalt der Geschichte. So wechselt es sich weiter ab.

Suchen Sie einen Zeitpunkt in Ihrem Tagesablauf, an dem Sie und Ihr Kind ausreichend Zeit und Ruhe haben. Erfahrungsgemäß ist die reine Massagezeit ca. 10 Minuten. Jedoch braucht die Vorbereitung auch eine gewisse Zeit. Es ist am besten, wenn Sie sich eine gute halbe Stunde für eine Massagegeschichte frei machen.

Vorbereitung zur Massage:
Vielleicht bereiten Sie den Massageplatz gemeinsam mit Ihrem Kind vor.

Das brauchen Sie:
- 2–3 Handtücher, die auch Öl abbekommen dürfen; eins zum Unterlegen und ein weiteres zum Zudecken.
- Massageöl. Wenn Sie ein Öl mit Duft wählen, lassen Sie das Kind mit aussuchen.

- Decke zum Einkuscheln, damit das Kind warm bleibt. Decken Sie die Körperteile ab, die gerade nicht massiert werden.
- Kopfkissen
- Rolle aus einem Handtuch, die unter die Knie gelegt werden kann; dann ist der Rücken entlastet und das Kind liegt noch bequemer.

Machen auch Sie es sich bequem. Holen Sie sich Kissen oder andere Polster, damit es Ihnen gut geht. Zur eigenen Entspannung machen Sie ein paar langsame Atemzüge, lassen Sie Ihre Schultern locker und stellen Sie sich darauf ein, die nächsten Momente ganz bei sich und Ihrem Kind zu sein – so gut Sie das eben jetzt gerade können.

Unmittelbar vor jeder Massage fragen Sie Ihr Kind noch einmal um Erlaubnis. Der Hintergrund dazu ist die Philosophie der „Berührung mit Respekt®". Das Kind kann auswählen, ob es berührt wird und wo. Es darf auch seine Meinung ändern und sagen, wenn es nicht mehr massiert werden möchte. Respektieren Sie diese Entscheidung. So lernt Ihr Kind von klein auf, dass es auch zu ungewollten Berührungen „Nein!" sagen kann.

Da diese Massagen mit Geschichten verbunden sind, können sich bei Ihrem Kind und Ihnen Ihre Lieblingsgeschichten entwickeln. Die Wiederholungen führen zu einer ritualisierten Berechenbarkeit, die dem Kind helfen kann, sich noch tiefer einzulassen, denn es weiß, was als nächstes kommt.

Nach jeder Massage gibt es ein Abschlussritual: Leiten Sie das Kind an, die Augen langsam wieder zu öffnen und sich zu räkeln. Lassen Sie Ihrem Kind Zeit dabei. Fragen Sie Ihr Kind, wie es ihm geht und ob es ihm gefallen hat. So lernt es seinen Körper besser wahrzunehmen und seine Gefühle auszudrücken.

Eltern haben uns berichtet, dass ihr Kind so manches Mal nach der Massage angefangen hat, von seinen Erlebnissen zu erzählen, manchmal auch von seinem Kummer. Sollten Sie dieses Glück haben, dann machen wir Ihnen Mut: Seien Sie einfach da und hören Sie zu. Diese Form der Zweisamkeit kann dem Kind in schwierigen Lebenssituationen helfen zur Ruhe zu kommen und ihm Halt geben.

Wenn Sie weitergehendes Interesse an der Kindermassage haben, dann empfehlen wir Ihnen, einen Kindermassagekurs bei einer Kursleiterin der DGBM e. V. zu belegen (Informationen unter www.dgbm.de in der Elternkurs-Datenbank). Sie können sich auch mit dem Buch: **Kinder respektvoll berühren. Ein Begleitbuch für die Kindermassage „Berührung mit Respekt®"** von Annette Berggötz und Clara Ute Laves, das auch im infantastic Versand & Verlag erschienen ist, weiter in die Massage einlesen. Einige der hier aufgeführten Geschichten sind auf die Griffe der DGBM e. V. zugeschnitten.

Clara Ute Laves

Übersicht über die Massagegeschichten in diesem Kapitel

Massagen

Traumreisen

Spiele

Massagegeschichten zum Thema Tiere

Massagegeschichten zum Thema Weltraum

Massagegeschichten zu verschiedenen Themen

Massagen

Traumreisen

Spiele

Sommerabend

Anfangsritual
Fragen Sie Ihr Kind um Erlaubnis.

Ruhepol: Hände auf dem Bauch
in Nabelhöhe ruhen lassen
Es ist Abend. Ein wunderschöner
Sommerabend. Du stehst im Garten.

Umarmen: umfassendes fließendes Streichen
Ein leichter Wind weht. Er weht über die
Bäume, Büsche, Gräser und über deine Haut.

Umlaufbahn: Kreise mit beiden Händen
(rechte Hand liegt auf der linken)
im Uhrzeigersinn um den Nabel
Die Sonne ist immer da.
Und irgendwo auf dem Erdball
scheint sie immer hell.

Sonnenmondgriff: rechte Hand geht weg,
linke Hand streicht ununterbrochen
im Uhrzeigersinn rund um den Nabel
Bei uns wird es Abend und
es wird langsam immer dunkler.

Rechte Hand streicht von
9 Uhr über den Zenit bis 5 Uhr
Jetzt ist der Mond am Himmel zu sehen.
Und so ist es jeden Tag.

Linke Hand streicht ununterbrochen
im Uhrzeigersinn rund um den Nabel
Die Sonne geht unter ...

Rechte Hand streicht von
9 Uhr über den Zenit bis 5 Uhr
... und der Mond geht auf.

Ich-liebe-dich-Griff
I: absteigender Darmabschnitt
Du gehst den Gartenweg hinunter.

L: querverlaufender Darmabschnitt
Der Weg macht eine Biegung ...

D: aufsteigender Darmabschnitt
... und du kommst zu einer Bank,
auf die du dich setzt.

Umarmen: umfassendes fließendes Streichen
Der Wind streicht über deine Haut,
du genießt seine Berührung.

Ruhepol: Hände auf dem Bauch ruhen lassen
Du bleibst noch ein Weilchen sitzen
und genießt die Stille.

Ich danke dir für diesen
gemeinsamen Sommerabend.

Abschlussritual
Nun nimm einen tiefen, langsamen Atemzug,
räkele dich, strecke deine Arme und Beine.
Wenn du die Augen geschlossen hattest, ist
es jetzt Zeit, sie zu öffnen und wieder hierher
zurück zu kommen.
Fragen Sie Ihr Kind, wie es ihm geht
und ob es ihm gefallen hat.

Die magische Zauberkugel

Anfangsritual
Fragen Sie Ihr Kind um Erlaubnis.

Juwel: Handflächen liegen seitlich am Kopf
Ich bin eine Zauberin/ein Zauberer der Bilder
und halte eine magische Zauberkugel in den
Händen. Vorsichtig, denn sie ist sehr kostbar.
Ich beuge mich zu meiner Zauberkugel und
schaue hinein. Langsam entsteht ein Bild.

Saugnäpfe: kleine Kreise auf dem Kopf
Ich sehe einen See. Der Wind macht viele
kleine Wellen auf dem Wasser.

*Schmetterling: mit den Daumen von der Mitte
der Stirn zu den Schläfen streichen*
Manchmal kommt eine kleine Windböe
und streicht das Wasser glatt.

*Wellenreiter: in Höhe Nasenwurzel
über die Augenbrauen zu den Schläfen*
Die Wellen werden breiter.

*Nasenreiter: vom Nasenflügel zur Nasenwurzel
zum Jochbein streichen – unterhalb der Wangen*
Ich sehe einen Fisch,
der hin und her schwimmt.
❥ *Wie sieht dein Fisch denn aus?*

*Lächeln: 3 x oberhalb und unterhalb
des Mundes zu den Ohren streichen*
Ein altes Ruderboot dümpelt auf den Wellen …

*Kinnschutz: vom Kinn entlang des Unterkiefers
zu den Schläfen bis Haarspitzen streichen*
… ganz in der Nähe des Ufers, wo der Wind
sanft durch das Schilf streicht.

Wangenkreisel: kleine Kreise auf Kaumuskulatur
Zwei kleine Strudel bilden sich im Wasser …

Ohrenkreisel: kleine Kreise um die Ohren herum
… und zwei Enten sehe ich auch.
Sie schwimmen in kleinen Kreisen herum …

*Ohrmuschelkreise: kleine Kreise
von Ohroberkante zum Ohrläppchen*
… und schnäbeln Entengrütze.

Juwel: Handflächen liegen seitlich am Kopf
Die Bilder verblassen und ich sehe
wieder meine magische Zauberkugel.
Ich halte sie noch eine Weile in den Händen
und lege sie dann vorsichtig auf das Kissen ab.

Ich danke dir, dass ich mit dir zusammen
in die Zauberkugel schauen durfte.

Abschlussritual
Nun nimm einen tiefen, langsamen Atemzug,
räkele dich, strecke deine Arme und Beine.
Wenn du die Augen geschlossen hattest, ist
es jetzt Zeit, sie zu öffnen und wieder hierher
zurück zu kommen.
*Fragen Sie Ihr Kind, wie es ihm geht
und ob es ihm gefallen hat.*

Massagen

Traumreisen

Spiele

Schutzengel

Anfangsritual
Fragen Sie Ihr Kind um Erlaubnis.

Ruhepol: Hände am Kreuzbein ruhen lassen
Ich bin dein Engel.

Engelsflügel: links und rechts der Wirbelsäule über Schulter hinauf streichen
Meine Flügel sind so weiß wie der Schnee.

Kleine Herzbänder Richtung Schulter
Ich schenke dir viele kleine Herzen.

Mittelgroße Herzbänder Richtung Schulter
Du bist mir ganz wertvoll und
meine Herzen werden größer

Ein großes Herz Richtung Schulter
Ich liebe dich und schenke dir
mein ganzes Herz.

Umarmen: umfassendes fließendes Streichen
Ich möchte dich immer wieder
und wieder umarmen.

*Samtpfoten: ganze Handfläche liegt auf,
gleichzeitig Richtung Rückenende streichen*
Ich bin immer bei dir, manchmal spürst du
mich ganz deutlich …

*Katzenpfoten: leichter Druck auf die Finger-
kuppen, Richtung Rückenende kämmen*
… und manchmal berühren dich nur
meine Flügelspitzen.

*5 Rutschbahnen: 5 Bahnen streichen
vom Nacken zum Rückenende*
Wo auch immer du bist, ich bin da
und stärke dir deinen Rücken.

*Ruhepol: Hände am Nacken und am
Ende des Rückens ruhen lassen*
Und auch, wenn wir zwei sind, …

*Beide Hände gleiten aufeinander zu
und treffen sich auf Mitte des Rückens*
… so finden wir doch immer zusammen.

Ich danke dir, dass ich dein Engel sein darf.

Abschlussritual
Nun nimm einen tiefen, langsamen Atemzug,
räkele dich, strecke deine Arme und Beine.
Wenn du die Augen geschlossen hattest, ist
es jetzt Zeit, sie zu öffnen und wieder hierher
zurück zu kommen.
*Fragen Sie Ihr Kind, wie es ihm geht
und ob es ihm gefallen hat.*

Der Weg

Diese Massage kann auch an den Armen durchgeführt werden, dann ändert sich die Praxisanleitung: Die Hüfte wird dann zur Schulter und das Fußgelenk zum Handgelenk.

Anfangsritual
Fragen Sie Ihr Kind um Erlaubnis.

Hüfte und Fußgelenk halten – Begrenzung geben
Dies ist mein Weg.
Er hat einen Anfang und ein Ziel.

Indisches Streichen: wechselweise von Hüfte zum Fußrücken streichen
Ich mache mich auf die Wanderung.
Gemütlich gehe ich meines Weges und genieße die Natur. Es geht bergauf und bergab, dem Ziel immer näher.

Rollen: in kleinen Abschnitten wiegen/schaukeln
Ich sehe in einiger Entfernung einen Rastplatz und meine Schritte werden schneller.

Perlenkette: Kreise um den Fußknöchel mit den Fingern
Am Rastplatz angekommen, setze ich mich auf eine Bank und mache eine Pause.

Knöchelkreisel: Fingerspitzen beider Hände streichen gleichzeitig von vorn nach hinten um den Knöchel
Die Pause tut mir gut.

Schwedisches Streichen: einmalig vom Fußgelenk zur Hüfte streichen
Nun wird es Zeit, den Heimweg anzutreten.

Hüfte und Fuß halten – Begrenzung geben
Dies war der Weg. Wir sind ihn gegangen vom Anfang bis zum Ende.

Danke, dass ich dich
auf dem Weg begleiten durfte.

Abschlussritual
Nun nimm einen tiefen, langsamen Atemzug, räkele dich, strecke deine Arme und Beine.
Wenn du die Augen geschlossen hattest, ist es jetzt Zeit, sie zu öffnen und wieder hierher zurück zu kommen.
Fragen Sie Ihr Kind, wie es ihm geht und ob es ihm gefallen hat.

Massagen

Traumreisen

Spiele

Der kleine Bär

Anfangsritual
Fragen Sie Ihr Kind um Erlaubnis.

Hand halten und die Hand
mit beiden Händen umschließen
Der kleine Bär hält mit seiner Mutter
Winterschlaf. Warm liegen sie in ihrer Höhle.

Schmusekatze: auf Handrücken
mit Handfläche streichen
Er spürt, dass der Frühling naht. Als er
aufwacht, streckt er zuerst seinen Rücken.

Großer Schmetterling (Himpelchen und
Pimpelchen): auf Handrücken mit
beiden Daumen streichen
Die Bärenmama ist schon wach und
massiert seinen Rücken mit ihren weichen,
kräftigen Tatzen.

Schwimmhäute „Entenfuß": zwischen Mittel-
handknochen mit Fingerspitzen streichen
Langsam werden alle Muskeln des
kleinen Bären wieder warm.

Alle meine Tierlein: Finger zur Fingerspitze
hin umkreisen; kleine Kreise auf der Fingerbeere;
leichter Druck der Fingerspitzen;
Finger umschließen und halten
Auch die einzelnen Pfotenfinger.
Es sind fünf an der Zahl.
☙ *Möchtest du mitzählen? 1, 2, 3 …*

Handflächen ausstreichen:
Handinnenfläche mit Handfläche streichen
Seine Pfote ist nun ganz warm.

Kleine Käfer malen: kleine Kreise
auf Handinnenfläche mit Fingerspitzen
Sie beginnt zu kribbeln.
☙ *Kitzelt das?*

Die Maus malt: Kreise auf Handinnenfläche
mit Handballen
Jetzt massiert Mama Bär die Pfoten des kleinen
Bären mit ihren kräftigen, weichen Tatzen.

Kleiner Schmetterling (Himpelchen und
Pimpelchen): Handinnenfläche mit
beiden Daumen streichen
So groß ist die Pfote des kleinen Bären!

Hand mit beiden Händen halten
und umschließen
Von der Massage ist der kleine Bär nun
wieder ein wenig müde und kuschelt sich
noch etwas bei seiner Mama an.

Danke, dass ich dir diese
Bärenmassage schenken durfte.

Abschlussritual
Nun nimm einen tiefen, langsamen Atemzug,
räkele dich, strecke deine Arme und Beine.
Wenn du die Augen geschlossen hattest, ist
es jetzt Zeit, sie zu öffnen und wieder hierher
zurück zu kommen.
Fragen Sie Ihr Kind, wie es ihm geht
und ob es ihm gefallen hat.

Massagen

Traumreisen

Spiele

Die Schildkröte Sophie

Anfangsritual
Fragen Sie Ihr Kind um Erlaubnis.

Stiefelchen: Fuß mit beiden Händen halten
und umschließen
Die kleine Schildkröte Sophie hat sich
in ihrem Panzer versteckt.

Schmusekatze: Fußrücken (Spann)
mit Handfläche streichen
Wir wollen einmal sehen,
ob wir sie heraus locken können.

Großer Schmetterling (Himpelchen und
Pimpelchen): Fußrücken (Spann)
mit beiden Daumen streichen
Vielleicht mag sie eine Massage?
Ich streichele sie mal vorsichtig.

Kleinen Zeh bis zur Zehenspitze
mit Finger ausstreichen
Oh – sieh nur! Schon streckt sie
das erste Beinchen aus ihrem Panzer.

Begrenzung geben
Siehst du? Da stellt sie es fest fest auf den Boden.

Nacheinander die nächsten Zehen bis zu den
Zehenspitzen mit Finger ausstreichen
Und dann das zweite.

Begrenzung geben
Siehst du? Da stellt sie es fest fest auf den Boden.

Und dann das dritte.

Begrenzung geben
Siehst du? Da stellt sie es fest fest auf den Boden.

Und dann das vierte.

Begrenzung geben
Siehst du? Da steht sie nun fest
mit allen vier Beinen auf dem Boden.

Großen Zeh bis zu den Zehenspitzen
mit Finger ausstreichen
Zuletzt kommt das Köpfchen heraus.

Begrenzung geben
Da – ist das Köpfchen.

Fußsohle ausstreichen
Selbstbewusst schaut Sophie sich um.

Die kleinen Käfer malen: Kreise auf
der Fußsohle mit Fingerspitzen
Langsam setzt sie sich in Bewegung,
über kleine Erdklumpen, …

Die Maus malt: Kreise auf
der Fußsohle mit Handballen
… über Steine…

*Kleiner Schmetterling (Himpelchen und
Pimpelchen): Fußsohle mit beiden
Daumen streichen*
… und über Äste.

*Stiefelchen: Fuß mit beiden Händen halten
und umschließen*
Aber als Nachbars Katze um die Ecke saust,
da verschwindet sie – schwupps – wieder in
ihrem Panzer.

Danke, dass ich mit dir zusammen
die Schildkröte Sophie beobachten durfte.

Abschlussritual
Nun nimm einen tiefen, langsamen Atemzug,
räkele dich, strecke deine Arme und Beine.
Wenn du die Augen geschlossen hattest, ist
es jetzt Zeit, sie zu öffnen und wieder hierher
zurück zu kommen.
*Fragen Sie Ihr Kind, wie es ihm geht
und ob es ihm gefallen hat.*

Massagen

Traumreisen

Spiele

Im Garten (in Gedichtform)

Anfangsritual
Fragen Sie Ihr Kind um Erlaubnis.

Ein Gärtner geht in den Garten,
wo viele Blumen blüh'n.
Sie alle gut zu warten
ist einzig sein Bemüh'n.

Mit allen Fingern den Rücken sanft zupfen
Er harkt die Beete und zupft das Kraut,
eh' er die rote Bete und anderes anbaut.

Mit Finger dann sanft Punkte machen
Er macht Löcher ganz winzig klein
und legt die Samenkörner hinein.

Mit der Hand große Löcher „graben" und dann
sanft mit der Faust auf den Rücken drücken
Dann gräbt er große Löcher aus
und legt die Blumenzwiebeln aus.

Mit der flachen Hand an verschiedenen
Stellen über den Rücken wischen
Vorsichtig macht er die Erde drüber,
sonst holen die Samen die
Vögel sich wieder.

Mit allen Fingern Wasser rieseln lassen
Dann gießt er noch das Wasser drauf.
Bald kommt das erste Grün herauf.

Sonne ist ein großer Kreis und Regen
ist mit allen Fingern rieseln
Die Sonne scheint, es fällt der Regen.
Die Pflanzen wachsen, welch ein Segen.

Sanft zupfen und mit allen Fingern kämmen
Der Gärtner zupft das Unkraut fort.
Harken muss er jeden Ort.

Mit der Handfläche wischen
An den Beeten sticht er die Kanten gerade,
fegen muss er die Gartenpfade.

Faust, Finger liegen auf dem Rücken, in den an-
gegebenen Richtungen über den Rücken fahren
Abgemäht wird auch das Gras,
das macht dem Gärtner Riesenspaß.
Er läuft immer wieder hin und her,
rundherum und kreuz und quer.

Beide Hände auf die Schultern in den
Nackenbereich legen und ruhen lassen
So ein Garten, der ist schön,
aber auch viel Arbeit –
Du hast es gesehn.
Der Gärtner setzt sich unter'n Baum
und träumt schon bald
den schönsten Traum.

Massagen

Traumreisen

Spiele

Danke, dass ich mir dir zusammen dem
Gärtner bei seiner Arbeit zusehen durfte.

Abschlussritual
Nun nimm einen tiefen, langsamen Atemzug,
räkele dich, strecke deine Arme und Beine.
Wenn du die Augen geschlossen hattest, ist
es jetzt Zeit, sie zu öffnen und wieder hierher
zurück zu kommen.
Fragen Sie Ihr Kind, wie es ihm geht
und ob es ihm gefallen hat.

Massagen

Traumreisen

Spiele

Malermeister Klecks (in Gedichtform)

Anfangsritual
Fragen Sie Ihr Kind um Erlaubnis.

Mit der flachen Hand den Rücken einrahmen
Wir renovieren heut ein Zimmer.
Bei so was kommt der Maler immer.

Mit der flachen Hand an
verschiedenen Stellen wischen
Der spachtelt erst die Löcher zu.
Da nimmt er ganz viel Gips dazu.

Mit der flachen Hand an
verschiedenen Stellen kreisen
Nachdem das dann ganz trocken ist,
er das Schmirgeln nicht vergisst.

Geschlossene Faust, mit den Knöcheln
kreuz und quer fahren
Er schmirgelt gründlich hin und her,
von oben nach unten und kreuz und quer.

Mit der Unterseite der Faust
in großen Kreisen rühren
Dann rührt er 'ne Menge Kleister an.
Er rührt und rührt, so gut er kann.

Mit allen Fingern kämmen
Auf die Tapeten streicht er dann den Kleister,
unser Herr Klecks, der Malermeister.

Vom Nacken zum Lendenbereich, mit sanftem
Druck, 4 Bahnen neben der Wirbelsäule streichen
Dann bringt er sie an den Wänden an,
Rolle für Rolle und Bahn für Bahn.

Mit Daumen und Zeigefinger
von der linken zur rechten Schulter streichen
Die Bordüre kommt noch, das ist ein Muss.

Beide Hände auf die Schultern legen
und ruhen lassen
Dann ist mit der Arbeit für heute Schluss.

Danke, dass ich mit dir zusammen dem Malermeister Klecks bei seiner Arbeit zusehen durfte.

Abschlussritual
Nun nimm einen tiefen, langsamen Atemzug,
räkele dich, strecke deine Arme und Beine.
Wenn du die Augen geschlossen hattest, ist
es jetzt Zeit, sie zu öffnen und wieder hierher
zurück zu kommen.
Fragen Sie Ihr Kind, wie es ihm geht
und ob es ihm gefallen hat.

Massagen

Traumreisen

Spiele

Massagen

Traumreisen

Spiele

Bauer Möhre (in Gedichtform)

Anfangsritual
Fragen Sie Ihr Kind um Erlaubnis.

Mit gespreizten Fingern
über den Rücken streichen
Bauer Möhre pflügt ganz wacker
seinen riesengroßen Kartoffelacker.

Finger zusammen, aufgesetzte
Fingerspitzen von zwei Fingern pro Hand
Danach hängt er an den Traktor an
den Grubber und fängt von vorne an.

Über den Rücken kraulen
Dann noch einmal – es ist nicht Schluss,
die Egge die Erde zerkrümeln muss.

Aufgesetzte Fingerspitzen, Punkte machen
mit vier Fingern pro Hand
Nun kommt die Sämaschine dran.
Macht viele Löcher Bahn für Bahn.

Viele Punkte mit den Zeigefingern
Legt die Saatkartoffeln ein.

Wischen
Jetzt Erde drüber, so muss es sein.

Mit zwei Fingern laufen
Dann geht Bauer Möhre nach Hause
und macht nun endlich eine Pause.

Danke, dass ich mit dir zusammen
Bauer Möhre begleiten durfte.

Abschlussritual
Nun nimm einen tiefen, langsamen Atemzug,
räkele dich, strecke deine Arme und Beine.
Wenn du die Augen geschlossen hattest, ist
es jetzt Zeit, sie zu öffnen und wieder hierher
zurück zu kommen.
Fragen Sie Ihr Kind, wie es ihm geht
und ob es ihm gefallen hat.

Bäcker Windbeutel backt Kekse

Anfangsritual
Fragen Sie Ihr Kind um Erlaubnis.

Großer Kreis mit flacher Hand
Bäcker Windbeutel braucht zum
Backen seiner Kekse ein paar Zutaten:
Einen großen Haufen Mehl …

Kleiner Kreis, Faust
… Zucker, …

Handkante abschneiden und Faust hinlegen
… ein gutes Stück Butter, …

Eine Faust klopft vorsichtig auf die andere Faust,
die auf dem Rücken liegt. Dann mit gespreizten
Fingern das Ei auseinander laufen lassen, 4 x.
… 4 Eier.

Mit der Faust rühren
Das Ganze muss gut verrührt werden.

Hand am Rücken abwischen
Nun streicht er den Löffel ab …

Den Rücken durchkneten
… und knetet mit den Händen weiter.

Unterarm flach auf den Rücken legen und
hoch und runter streichen, vom Nacken
zum Po und umgekehrt
Wenn der Teig gut genug durchgeknetet ist,
rollt er den Teig ganz dünn aus.

👄 *Ist der Teig nun dünn genug*
oder soll ich noch weiter streichen?

Mit einem Finger Formen malen
Als Nächstes sticht er Formen aus:
Kreise, Dreiecke, Sterne, Herzen …
👄 *Welche noch? Welche Form*
haben deine Kekse?

Auf dem Rücken so tun, als würde
man die Kekse verteilen
Diese legt er nun auf das Backblech. Vorsichtig!
Sonst können sie auseinander brechen.

Beide Hände flach auf den Rücken legen
und vom Po zum Nacken hochschieben
Und nun hinein damit in den Ofen.

Das werden leckere Kekse!

Danke, dass ich mit dir zusammen Bäcker
Windbeutel beim Kekse Backen helfen durfte.

Abschlussritual
Nun nimm einen tiefen, langsamen Atemzug,
räkele dich, strecke deine Arme und Beine.
Wenn du die Augen geschlossen hattest, ist
es jetzt Zeit, sie zu öffnen und wieder hierher
zurück zu kommen.
Fragen Sie Ihr Kind, wie es ihm geht
und ob es ihm gefallen hat.

Pizzabäcker

Anfangsritual
Fragen Sie Ihr Kind um Erlaubnis.

Wir wollen heute Pizza backen.

Großer Kreis mit flacher Hand
Hier haben wir einen großen Haufen Mehl.

Die eine Faust klopft auf die andere, dann mit
allen Fingern das Ei auseinander laufen lassen
Dazu geben wir ein oder zwei Eier.

Kneten
Dann kneten wir den Teig richtig durch,
bis er ganz geschmeidig ist.
👄 *Ist der Teig nun geschmeidig genug*
oder soll ich noch weiter kneten?

Kreisend rollen mit der Faust
Wir rollen ihn zu einer Kugel.

Auf dem ganzen Rücken ausstreichen
Und streichen ihn dann flach,
bis er auf das Backblech passt.
Nun wollen wir den Teig belegen.

Mit der flachen Hand über den Rücken streichen
Zuerst die Tomatensoße gleichmäßig auftragen.
👄 *Was möchtest du auf die Pizza legen?*
Hier ein paar Beispiele:
Salami: an verschiedenen Stellen mit der
ganzen Handfläche kleine Kreise machen

Pilze: viele kleine Kreise mit den
Flächen von zwei bis drei Fingern
Zwiebelringe: mit den Fingerspitzen kreisen

Mit den Fingern über den Rücken krabbeln
Und zuletzt den Käse drüberstreuen. Viel Käse!
👄 *Möchtest du noch mehr Käse?*

Schiebende Bewegung
Nun schieben wir die Pizza in den Ofen.

Wir warten, bis die Pizza fertig gebacken ist.
Das dauert ein wenig, aber dann:
Guten Appetit!

Danke, dass ich mit dir zusammen
diese leckere Pizza backen durfte.

Abschlussritual
Nun nimm einen tiefen, langsamen Atemzug,
räkele dich, strecke deine Arme und Beine.
Wenn du die Augen geschlossen hattest, ist
es jetzt Zeit, sie zu öffnen und wieder hierher
zurück zu kommen.
Fragen Sie Ihr Kind, wie es ihm geht
und ob es ihm gefallen hat.

Massagen

Traumreisen

Spiele

Wettermassage

Anfangsritual
Fragen Sie Ihr Kind um Erlaubnis.

Sonne auf den Rücken malen
Dies ist die große, goldene, runde Sonne.
Ihre Strahlen wärmen die ganze Erde.
Kannst du fühlen, wie warm das ist?

Wolken malen
Kleine, weiche Schäfchenwolken tauchen auf.
Die Wolken verdecken die Sonne.

Erst leicht, dann heftig auf dem
Rücken wischen, im Haar wuscheln
Langsam beginnt ein leichter Wind
zu wehen. Er wird stärker und stärker.
Der Sturm zerzaust dein Haar.

Große Wolkentürme malen
Die Wolken werden zu großen
dunklen Wolkentürmen.

Blitz zeichnen
Ein Blitz zuckt über den Himmel!

Mit den geschlossenen Händen leicht trommeln
Und dann kommt der Donner!

Vereinzelte Tropfen mit den Fingern tupfen
Aus den Wolken fallen die ersten Regentropfen.

Viele Tropfen tupfen
Und dann schüttet es wie aus Eimern.

Mit den Fingerknöcheln klopfen
Sogar Hagelkörner sind dazwischen.

Mit den Fingerkuppen sanft
auf den Rücken tippen
Psst! Plötzlich wird es ganz still –
es fängt an zu schneien!

Die Hände auf den Rücken legen
und so verharren
Der Schnee bedeckt die ganze Erde. Und es
wird still auf der Welt, ganz ruhig – und still.

Hände zur Seite hin wegziehen
Langsam verschwinden die Wolken
und die Sonne kommt hervor.

Sonne malen
Sie leuchtet golden und warm
und erwärmt die ganze Erde – auch dich.

Danke, dass ich dich
durch jedes Wetter begleiten durfte.

Abschlussritual
Nun nimm einen tiefen, langsamen Atemzug,
räkele dich, strecke deine Arme und Beine.
Wenn du die Augen geschlossen hattest, ist
es jetzt Zeit, sie zu öffnen und wieder hierher
zurück zu kommen.
Fragen Sie Ihr Kind, wie es ihm geht
und ob es ihm gefallen hat.

Der Spaziergang im Wald

Anfangsritual
Fragen Sie Ihr Kind um Erlaubnis.

Mit zwei Fingern laufen
Wir machen einen schönen
Spaziergang durch den Wald.

Mit der flachen Hand einen
Haufen auf den Rücken malen
Wir sehen einen riesigen Ameisenhaufen.

Mit den Fingern kribbeln und krabbeln
Auf ihm kribbeln und krabbeln viele,
viele Waldameisen herum.

Mit einer Hand flink über den
Rücken laufen und hüpfen
Als wir nach oben schauen, sehen wir
ein kleines Eichhörnchen in den Zweigen
eines großen Baumes klettern und hüpfen.

Große Kreise mit den Fingerspitzen machen
Und hoch am Himmel über den Baumwipfeln
zieht ein Bussard seine Kreise.

Mit dem Daumen über den Rücken schlängeln
Sogar eine Blindschleiche sehen wir,
stell dir vor!

Mit beiden Händen leicht auf den Rücken klopfen
Im kleinen Waldsee schwimmen einige Enten.
Plitsch, platsch macht das Wasser des Sees.

Mit dem kleinen Finger über den Rücken „surren"
Die Mücken surren durch die Luft.

Mit den Fingern laufen
Um nicht gestochen zu werden,
gehen wir schnell weiter.

Mit beiden Händen je eine Seite der
Tanne zeichnen, rechts und links der Wirbelsäule
Durch den dichten Tannenwald bis
zu unserem Fahrrad.

Mit beiden Händen über den Rücken hoppeln
Als wir dort ankommen, sehen wir gerade
noch einen kleinen Hasen weghoppeln.

Mit der Faust über den Rücken fahren
Wir steigen auf's Rad und fahren
wieder nach Hause.

Mit beiden flachen Händen von den
Schultern zum Po streichen und am unteren
Rücken für einen Moment liegen lassen
Schön war es wieder im Wald!

Danke, dass ich dich auf diesem Spaziergang
begleiten durfte.

Abschlussritual
Nun nimm einen tiefen, langsamen Atemzug,
räkele dich, strecke deine Arme und Beine.
Wenn du die Augen geschlossen hattest, ist
es jetzt Zeit, sie zu öffnen und wieder hierher
zurück zu kommen.
Fragen Sie Ihr Kind, wie es ihm geht
und ob es ihm gefallen hat.

Massagen

Traumreisen

Spiele

Komm, wir machen deine Haare schön (in Gedichtform)

Anfangsritual
Fragen Sie Ihr Kind um Erlaubnis.

Haare waschen wollen wir heut',
drum auf und macht euch nun bereit.

Übers Haar streicheln
Etwas Wasser über's Haar –
nass ist es nun ganz und gar.

Mit den Fingern die Kopfhaut massieren
Noch etwas Shampoo hier und da;
wir massieren den Kopf – wie wunderbar.

Übers Haar streicheln
Das Wasser spült den Schaum heraus.
Pudelnass siehst du nun aus.

Mit beiden Händen die Haare rubbeln
Drum müssen wir erst tüchtig rubbeln.

Vorsichtig mit den Fingern
die Ohrmuschel massieren
Mit dem Handtuch die Ohren knubbeln.

Pusten oder die Haare sanft durch wuscheln
Den Rest, das macht bei uns der Föhn.
Gleich sind die Haare wunderschön.

Mit gespreizten Fingern die Haare kämmen
Haare kämmen geht geschwind!
Superchic ist nun das Kind.

Danke, dass ich dir die Haare frisieren durfte.

Abschlussritual
Nun nimm einen tiefen, langsamen Atemzug,
räkele dich, strecke deine Arme und Beine.
Wenn du die Augen geschlossen hattest, ist
es jetzt Zeit, sie zu öffnen und wieder hierher
zurück zu kommen.
Fragen Sie Ihr Kind, wie es ihm geht
und ob es ihm gefallen hat.

Massagen

Traumreisen

Spiele

Deine Hände, deine Füße

Das brauchen Sie:
- eine Schüssel mit warmem Wasser
- Flüssigseife
- 2–3 Handtücher

Meine Erfahrungen aus der Praxis:
Diese Massage kann auch in der Gruppe durchgeführt werden, dann bietet sich eher die Handmassage an. Im Folgenden beschreibe ich die Handmassage. Für die Füße muss der Text entsprechend verändert werden.

Anfangsritual
Fragen Sie Ihr Kind um Erlaubnis.

Eine Hand nehmen und in das Wasser tauchen
Deine Hände baden im warmen Wasser.

Kleinen Klecks Seife in die Handinnenfläche geben
Ich gebe die Seife in deine Hand …

Mit den Fingern kleine Kreise auf den Handinnenflächen
… und verreibe sie erst auf der Handinnenfläche …

Dann kleine Kreise auf dem Handrücken
… und dann auch auf dem Handrücken.

Das Ganze wiederholen mit dem Handballen
Nun nehme ich deine Hand und massiere mit dem Handballen deine Handinnenfläche und deinen Handrücken.

Mit allen Fingern einen Finger umschließen, nach oben gleiten, mit dem Daumen auf dem Fingernagel kreisen
Jetzt wasche ich jeden Finger. Ich streiche von unten bis hoch zum Fingernagel und auf dem Fingernagel mache ich einen kleinen Kreis.

Die Hand in beide Hände nehmen und festhalten, dabei tief ein- und ausatmen, sich ganz aufeinander konzentrieren
Ich nehme deine Hände zwischen meine Hände und halte sie fest. Wir lassen unsere Hände einen Moment im warmen Wasser baden. Das Wasser ist warm und wir atmen einmal tief ein und wieder aus.

Sanft das Wasser über die Hand fließen lassen und dabei die Seife abspülen
Ich tauche sie in das warme Wasser und spüle die Seife ab.

Ein eventuell vorgewärmtes Handtuch nehmen und die Hände trocken reiben
Nun nehmen wir unsere Hände aus dem Wasser heraus und rubbeln sie mit dem Handtuch kräftig trocken.

Nun kann die andere Hand an die Reihe kommen. Danke, dass ich dir die Hände baden durfte.

Fragen Sie Ihr Kind, wie es ihm geht und ob es ihm gefallen hat.

Ein Besuch im Zoo

Anfangsritual
Fragen Sie Ihr Kind um Erlaubnis.

Wir machen einen Ausflug in den Zoo.

Hände flach nebeneinander auf den Rücken
legen und zu den Seiten streichen
Erwartungsvoll gehst du durch
das große Eingangstor.

Mit den Händen zurück zur Mitte streichen
Du gehst in den Zoo hinein.
Zuerst kommst du zum Kängurugehege.

Langsam mit den flachen Fingern
über den Rücken hüpfen
Das eine Känguru hüpft ganz langsam,
denn es hat ein Baby in seinem Beutel.

Etwas schneller mit den flachen Fingern
über den Rücken hüpfen
Das andere springt etwas munterer umher.
Du gehst weiter und kommst
zum Elefantenhaus.

Langsam und schwer mit der geschlossenen
Hand auf den Rücken drücken
Mit schweren langsamen Schritten stampfen
die Elefanten gerade zu ihrem Futter.

Langsam mit der geschlossenen
Hand über die Beine schlängeln
Gleich um die Ecke ist das Schlangenhaus,
wo sich eine große Würgeschlange langsam
herumschlängelt.

Schnell schlängeln mit einem
Finger über die Arme
Im Terrarium nebenan siehst du eine
kleinere Schlange, die blitzschnell unter
einem Stein verschwindet.

Vom Kopf bis zu den Füßen mit den
flachen Händen und etwas Druck streichen
Oh, da ist ja auch ein riesiges Krokodil!
Da bist du aber froh, dass eine Glasscheibe
zwischen dir und dem Krokodil ist.

Hände auf die Schultern legen und ruhen lassen
Du möchtest eine Pause machen
und setzt dich auf eine Bank.
Als du dich etwas ausgeruht hast,
gehst du weiter zum Affengehege.

Die Kopfhaut kraulen, wie beim Haare waschen
Dort sitzen ganz vorn ein paar Affen,
die sich gegenseitig die Köpfe kraulen.
Weiter geht's zur Vogelvoliere.
Dort siehst du zwei bunte Papageien.

Massagen

Traumreisen

Spiele

Mit den Fingern den Rücken leicht kämmen
Sie fliegen durch die Luft, ganz nah
an dir vorbei. Du spürst den Luftzug ihrer
Flügel auf deiner Haut.

*Eine Hand am Kreuzbein und die andere
zwischen den Schulterblättern ruhen lassen*
Sie fliegen eine Runde und landen in ihren
Nestern. Der Besuch im Zoo neigt sich dem
Ende. Du gehst zum Ausgang und hinter dir
schließen sich die Tore.
Ich freue mich auf den nächsten Besuch
im Zoo.
Was wir dann wohl für Tiere sehen werden?

Danke, dass ich mit dir zusammen
diesen Zoobesuch erleben durfte.

Abschlussritual
Nun nimm einen tiefen, langsamen Atemzug,
räkele dich, strecke deine Arme und Beine.
Wenn du die Augen geschlossen hattest, ist
es jetzt Zeit, sie zu öffnen und wieder hierher
zurück zu kommen.
*Fragen Sie Ihr Kind, wie es ihm geht
und ob es ihm gefallen hat.*

Tipp:
Entwickeln Sie mit Ihrem Kind Ihren eigenen
Zoobesuch. Vielleicht sehen Sie andere Tiere?
Fragen Sie Ihr Kind, wie die Berührung
bei Löwen, Pinguin und Co. seien könnte.

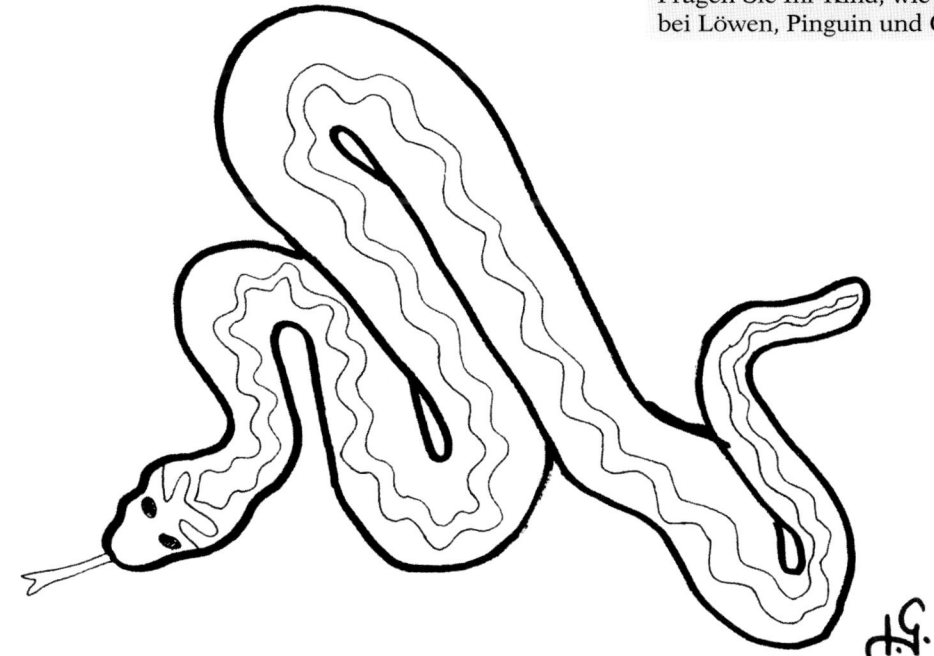

Die kleine Schnecke (in Gedichtform)

Das brauchen Sie:
• Tennis- oder Igelball

Anfangsritual
Fragen Sie Ihr Kind um Erlaubnis.

Auf dem unteren Rücken Spirale rollen
und dabei größer werden
Aus einem kleinen Schneckenhaus
schaut eine kleine Schnecke raus.

Hin und her rollen vom unteren Rücken
bis Mitte und zurück mit sanftem Druck
Sie überlegt her und hin:
„Wonach steht mir denn heut' der Sinn?
 Möcht' heute etwas Neues seh'n
und einmal spazieren geh'n."

Rechts der Wirbelsäule zum Kopf hoch rollen
Dann kriecht aus ihrem Schneckenhaus
die Schnecke in die Welt hinaus.

Im Haar wuscheln
Sie kriecht bis ganz nach oben hin
und fragt sich: „Wo ich hier wohl bin?"

Zu den Schultern rollen
Die Schnecke ist noch munter
und kriecht jetzt wieder runter.

Liegende Acht auf den Schultern rollen
Kriecht linksherum, kriecht rechtsherum,
doch dann wird es ihr doch zu dumm.

Links der Wirbelsäule nach unten rollen
Die Schnecke kriecht nach Haus zurück.
Es ist ja nur ein kleines Stück.

Auf dem unteren Rücken Spirale rollen
und dabei kleiner werden
Sie kuschelt sich ins Haus hinein …

Ball kurz drehen und liegen lassen
… und schläft dann ganz schnell wieder ein.

Danke, dass ich die Schnecke
mit dir zusammen beobachten durfte.

Abschlussritual
Nun nimm einen tiefen, langsamen Atemzug,
räkele dich, strecke deine Arme und Beine.
Wenn du die Augen geschlossen hattest, ist
es jetzt Zeit, sie zu öffnen und wieder hierher
zurück zu kommen.
Fragen Sie Ihr Kind, wie es ihm geht
und ob es ihm gefallen hat.

Meine Erfahrungen aus der Praxis:
Sie können diese Geschichte auch singen, nach der
Melodie „Ein Vogel wollte Hochzeit machen."
Nun passt zu einer Schnecke nicht das Fiderallala
– vielleicht fällt Ihnen und Ihrem Kind ein, was
man stattdessen singen könnte.

Igel Isidor geht spazieren

Das brauchen Sie:
• Tennis- oder Igelball

Anfangsritual
Fragen Sie Ihr Kind um Erlaubnis.

Den Ball auf die Fußsohle legen
und dann auf die Ferse rollen
An einem warmen Sommermorgen
klettert Igel Isidor aus seinem Blätterbau
und schaut sich zuerst einmal um.
Er beschließt einen Spaziergang zu machen.

Rechtes Bein hoch rollen
Kurz entschlossen marschiert er
den rechten Waldweg hoch, …

Auf dem Po ankommen
… bis zum großen Hügel.

Auf dem Po hin und her rollen
Dort schaut er mal nach links ins Tal,
mal nach rechts ins Tal und genießt
die herrliche Aussicht.

Im Zickzack über den Rücken rollen
Weiter geht's über die Blumenwiese,
wo Isidor an den Blumen schnuppert.

Ball hüpfen lassen
Er versucht sogar ein paar
Schmetterlinge zu fangen.
Schließlich bekommt Isidor Hunger.

Rechten Arm runter rollen
Er läuft den rechten Pfad entlang
und findet am Ende viele Schnecken.

Kreise auf der Hand
Er schlägt sich den Bauch so richtig voll.
Doch nach dem vielen Essen hat Isidor
auf einmal ganz fürchterlichen Durst.

Den Ball über die Fingerspitzen rollen lassen
Er schnuppert und riecht Wasser.

Rechten Arm hoch, über die Schultern
und linken Arm runter rollen
Isidor folgt seiner Nase, läuft zurück
und den linken Pfad hinunter
Am Ende findet er eine Quelle.

Kreise auf der linken Hand
Schnell löscht er seinen Durst.

Linken Arm wieder hoch zum Kopf
Er macht sich auf den Rückweg
und läuft den linken Pfad zurück.

Kreise auf dem Kopf, Ball kurz still halten
Isidor entdeckt einen kleinen Hügel und macht
dort eine Mittagstunde im hohen Gras. Als er
wieder aufwacht, ist es schon Spätnachmittag.

Tipp:
Bei Kindern mit längeren Haaren könnte sich der
Igelball in den Haaren verknoten, darum den Ball
am Kopf ganz vorsichtig rollen.

Im Zickzack über den Rücken rollen
Er rappelt sich auf und läuft
über die Blumenwiese.

In der Rückenmitte stoppen
Plötzlich bleibt er stehen.
Hmm, er könnte ja noch Isabella besuchen.
Aber dafür braucht er einen Blumenstrauß.

Mehrere kleine Kreise auf dem Rücken
Also pflückt Isidor noch ein paar Blumen.

Linkes Bein hinunter rollen
Dann läuft er den linken Waldweg hinunter …

Auf der Ferse hüpfen
… und klopft an Isabellas Tür.

Kreise auf der Fußsohle
Isabella freut sich und die beiden
machen ein Tänzchen.

*Linkes Bein hoch, über den Po,
rechtes Bein wieder runter zur Fußsohle*
Als es dunkel wird, geht Isidor den
Weg über den Hügel zurück
nach Hause …

Fußsohle, kurz kreisen und dann stillhalten
… und kuschelt sich in sein Blätterbett.

Danke, dass ich mit dir zusammen dem Igel
Isidor folgen durfte.

Abschlussritual
Nun nimm einen tiefen, langsamen Atemzug,
räkele dich, strecke deine Arme und Beine.
Wenn du die Augen geschlossen hattest, ist
es jetzt Zeit, sie zu öffnen und wieder hierher
zurück zu kommen.
*Fragen Sie Ihr Kind, wie es ihm geht
und ob es ihm gefallen hat.*

Massagen

Traumreisen

Spiele

Die Abenteuer des Käpt'n Igel im Weltall

Das brauchen Sie:
• Tennis- oder Igelball

Anfangsritual
Fragen Sie Ihr Kind um Erlaubnis.

Der Weltraum, unendliche Weiten …
Dies sind die Abenteuer von Käpt'n Igel
auf der Suche nach einem neuen
Heimatplaneten für seine Familie.

Auf dem rechten Fuß kreisen, bei 0 geht's mit
Schwung das rechte Bein hoch bis zum Rücken
Käpt'n Igel steigt in sein Raumschiff
und zündet den Raketenantrieb.
10, 9, 8, 7, 6, 5, 4, 3, 2, 1, 0!
Und los geht die Reise.

Im Zickzack über den Rücken
Langsam die Milchstraße entlang.

Rechter Arm bis Hand
Und am Ende rechts herunter,
bis es nicht mehr weiter geht.

Kreise auf der Hand
Da – ein kleiner Planet! Käpt'n Igel
kreist ein paar Mal um zu sehen,
ob er als neue Heimat geeignet ist.

Arm wieder hoch bis zum Nacken
Nein. Dort wächst kein Gras.
Da muss er wohl weiter suchen.

Linker Arm bis Hand
„Ich schau mal links herunter",
überlegt Käpt'n Igel.

Kreise auf der linken Hand
Och! Nur ein schwarzes Loch.
Käpt'n Igel zieht ein paar Kreise …

Zurück bis zum Nacken
… und fliegt wieder zurück.

Liegende 8 auf den Schulterblättern
Nun ist guter Rat teuer.

Über den Nacken auf den Kopf
Doch – was ist das? Aus dem Nebel taucht
ein riesig großer Planet auf. Genau vor
seiner Nase. Käpt'n Igel fliegt darauf zu …

Tipp:
Bei Kindern mit längeren Haaren könnte sich der
Igelball in den Haaren verknoten, darum den Ball
am Kopf ganz vorsichtig rollen.

Kreise um den Kopf
… und macht ein paar gründliche Erkundungs-
flüge. Dann steht es fest: Das ist der neue
Heimatplanet der Igel. Schön groß und viel,
viel hohes Gras zum Verstecken.

Im Zickzack über den Rücken
Das muss Käpt'n Igel sofort berichten.
Er fliegt über die Milchstraße zurück.

Stopp vor dem rechten Bein
Oh nein, ein Meteoritenschauer!

Linkes Bein runter zum Fuß
Nun muss Käpt'n Igel zum
Nachbarplaneten fliegen.

Kreise auf dem linken Fuß
Nach kurzer Wartezeit …

Auf den rechten Fuß hüpfen
… wird Käpt'n Igel zu seiner Familie
auf seinem alten Heimatplaneten
zurückgebeamt. Das war eine
sehr erfolgreiche Reise!

Danke, dass ich mit dir zusammen
Käpt'n Igel durch das Weltall
begleiten durfte.

Abschlussritual
Nun nimm einen tiefen, langsamen Atemzug,
räkele dich, strecke deine Arme und Beine.
Wenn du die Augen geschlossen hattest, ist
es jetzt Zeit, sie zu öffnen und wieder hierher
zurück zu kommen.
*Fragen Sie Ihr Kind, wie es ihm geht
und ob es ihm gefallen hat.*

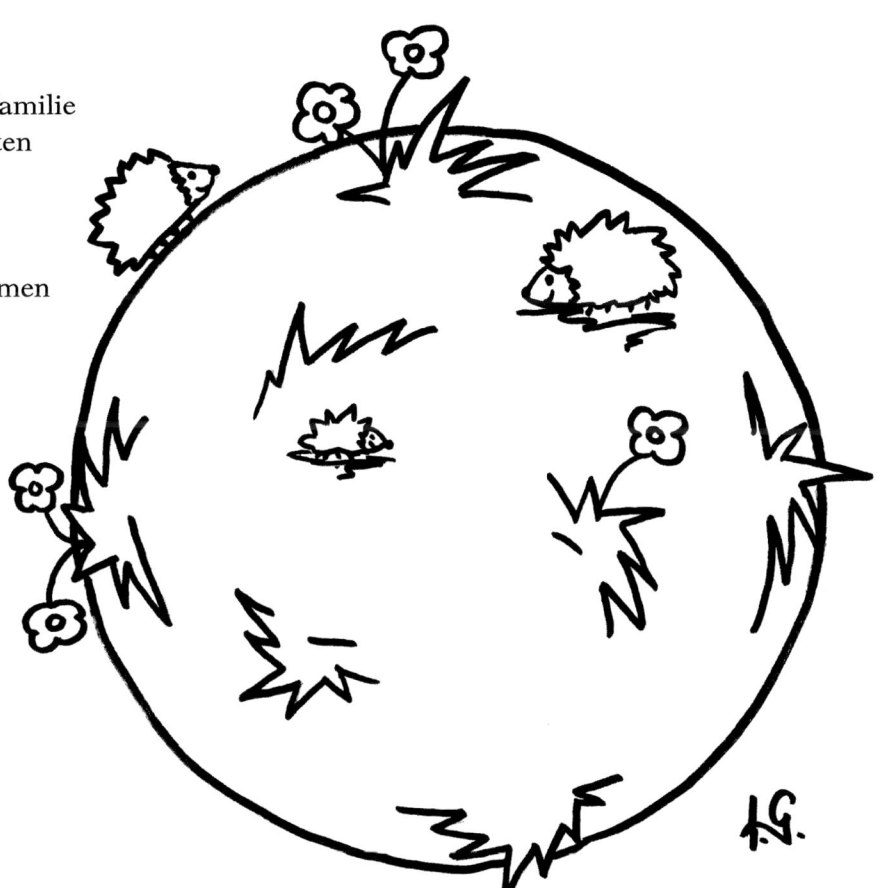

Erkläre mir den Weltraum

Anfangsritual
Fragen Sie Ihr Kind um Erlaubnis.

Rücken ganz auswischen
Das ist der riesengroße Weltraum.

Viele Punkte mit dem Zeigefinger
Darin gibt es Milliarden kleiner Sterne.

Großer Kreis in der Rückenmitte
Der größte Stern ist unsere Sonne.
Außer Sternen gibt es im Weltraum
noch Planeten und Monde.

Kleiner Kreis
Planeten sind z. B. unsere Erde, …

Etwas größerer Kreis
… der Neptun, …

Noch größer werden
… der Saturn …

Großer Kreis, aber nicht so groß wie die Sonne
… und der Jupiter, der ist der größte Planet.

Mit ganzer Handfläche, von der rechten Hüfte
diagonal hoch zur linken Schulter und von dort
aus langsam auf den linken Arm bis zu den
Fingerspitzen und den ganzen Weg wieder zurück
Der erste Mensch, der mit einer Rakete ins
Weltall flog, hieß Juri Gagarin. Er kam aus
Russland und war ganz lange unterwegs.

Mit ganzer Handfläche von der linken Hüfte
diagonal hoch zur rechten Schulter und von dort
aus langsam auf den rechten Arm bis zu den
Fingerspitzen und den ganzen Weg wieder zurück
Danach flogen die Amerikaner mit der Apollo-
Rakete in den Weltraum und landeten mit
Apollo 11 als erste Menschen auf dem Mond.

Auf dem Rücken mit der flachen Hand
langsam Schritte simulieren
Der erste Mensch, der auf dem Mond
herumlief, hieß Neil Armstrong.

Beide Hände links und rechts der
Wirbelsäule sanft aufklatschen lassen
Manchmal kann auch ein Stern explodieren.

Gespreizte Finger wellenartig
zu den Seiten hin bewegen
Die Bruchstücke fliegen dann durch das All.
Das nennt man eine Supernova.

Zwei Finger wie Sternschnuppen
über den Rücken bewegen
Wenn Sterne verglühen, sehen wir sie
als Sternschnuppen am Himmel.

Noch einmal abschließend über
den ganzen Rücken wischen
Und unser Zuhause in
diesem großen Weltraum …

*Kleiner Kreis und Hände
am unteren Rücken ruhen lassen*
… ist unsere schöne Erde.

Danke, dass ich dir den Weltraum
auf diese besondere Weise erklären durfte.

Abschlussritual
Nun nimm einen tiefen, langsamen Atemzug,
räkele dich, strecke deine Arme und Beine.
Wenn du die Augen geschlossen hattest, ist
es jetzt Zeit, sie zu öffnen und wieder hierher
zurück zu kommen.
*Fragen Sie Ihr Kind, wie es ihm geht
und ob es ihm gefallen hat.*

Wissenswertes:
Durch das Überkreuzen der Mittellinie bei der **Ra**-**ketenmassage** werden beide Körperhälften miteinander verbunden und somit auch die Verknüpfung
der rechten und linken Gehirnhälfte unterstützt.

Meine Erfahrungen aus der Praxis:
Wenn kleinere Kinder die Massage aneinander
durchführen, ist es für sie jedoch einfacher, wenn
sie auf der gleichen Seite bleiben.

Massagen

Traumreisen

Spiele

Es liegt ein Buch auf deinem Bauch (in Gedichtform)

Anfangsritual
Fragen Sie Ihr Kind um Erlaubnis.

Ausgangspunkt: Hände liegen rechts und links
des Bauchnabels nebeneinander
Es liegt ein Buch auf deinem Bauch.
Es ist noch zu – gibt Wärme und Ruh.

Hände zu den Seiten ausstreichen
Ich schlage es auf. Noch weiß ich nicht,
was wir gleich hören für eine Geschicht'.

Es ist die Geschichte von Sonne und Mond.
Jeder der beiden am Himmel wohnt.

Sonne malen mit der linken Hand,
die rechte Hand bleibt an der Seite liegen
Die Sonne scheint mit warmem Schein
ihr helles Licht auf dich so fein.

Wenn du sie spürst, ist es wunderschön.
Ach, liebe Sonne, du sollst nie untergeh'n!

Linke Hand an die Seite, rechte Hand
malt den Mond
Doch nachts, da kommt ein and'rer dran.
Er spendet sein Licht, so gut er kann.
Der Mond mit seinem Silberschein
strahlt durch uns're Fenster rein.
Manchmal so hell, dass man glauben kann,
der Mann im Mond, der leuchtet uns an.
Doch hat der Mond kein eig'nes Licht.
Nein, selber leuchten kann er nicht.

Sonne malen mit der linken Hand,
rechte Hand malt den Mond
Das macht für ihn die Sonne nur.
Ja, auch nachts hinterlässt sie ihre Spur.

Dies ist die Geschichte von Sonne und Mond.
Jeder von beiden am Himmel wohnt.

Hände zum Bauchnabel hin streichen
Nun schließen wir das Buch wieder zu …

Die Hände ruhen noch
für einen Moment am Ausgangspunkt
… und geben dem Bauch noch Wärme und Ruh.

Danke, dass ich mit dir zusammen das Gedicht
von Sonne und Mond hören durfte.

Abschlussritual
Nun nimm einen tiefen, langsamen Atemzug,
räkele dich, strecke deine Arme und Beine.
Wenn du die Augen geschlossen hattest, ist
es jetzt Zeit, sie zu öffnen und wieder hierher
zurück zu kommen.
Fragen Sie Ihr Kind, wie es ihm geht
und ob es ihm gefallen hat.

Meine Erfahrungen aus der Praxis:
Die Massage des Bauches bedarf einer besonderen
Achtsamkeit. Dies ist ein sehr empfindlicher Bereich unseres Körpers, da er zu unserer Intimsphäre gehört. Viele Kinder sind dort auch sehr kitzelig.
Oft können sich Kinder auf langsames Streichen
mit sicherem, aber sanftem Druck besser einlassen,
als auf eine schnelle, flüchtige Berührung. Alle
Griffe werden mit der ganzen Handfläche ausgeführt.

Im Zirkus

Anfangsritual
Fragen Sie Ihr Kind um Erlaubnis.

Rücken umranden
Auf einer großen, grünen Wiese …

Kreis auf den Rücken
… steht ein großes Zirkuszelt.
„Hereinspaziert! Hereinspaziert!"
ruft der Zirkusdirektor.

Mit allen Fingern auf dem Rücken laufen
Das Publikum läuft ins Zelt …

Mit den Fingerkuppen viele große Punkte
im Kreis auf den Rücken drücken
… und findet seine Plätze auf den Bänken.

Hände von der Mitte zu den Seiten streichen
Der Vorhang öffnet sich und
die Vorstellung beginnt:

Fäuste
In die Manege stapft ein großer Elefant.
Er stellt sich auf die Hinterbeine und läuft
zweimal im Kreis herum.

Flache Hände
Jetzt ist der Clown dran: Er latscht mit
seinen großen Füssen herein. „Hallöööööle!"

Breites Grinsen auf den Rücken malen
Mal lacht er, …

Wellen malen
… dann zieht er eine Grimasse …

Traurigen Mund malen
… und dann guckt er ganz traurig
aus der Wäsche.

Hände klatschen sanft auf den Rücken
Das Publikum applaudiert und
trampelt mit den Füssen.

Mit den Fingerkuppen beider Hände
galoppierend laufen
Oh, da, die nächste Attraktion!
Seht nur die schönen weißen Pferde!
Sie galoppieren majestätisch im Kreis herum.
Auf ihren Rücken stehen Artistinnen in
glitzernden Kleidern und zeigen waghalsige
Kunststücke.

Mit den Knöcheln der geschlossenen Hände
vom Nacken zum unteren Rücken streichen
Als nächstes folgt die Raubtiernummer!
Mit Samtpfoten laufen die Löwen durch den
Gittertunnel in den großen Manegenkäfig.
Erst der Löwenpapa, dann die Löwenmama.

Mit gespreizten Fingern vom Nacken
sanft zum unteren Rücken kratzen
Nur das kleine Löwenkind hat seine Krallen
noch nicht ganz im Griff.

*Mit den Knöcheln der geschlossenen Hände
sanft streichen und ein paar Mal springen*
Die Löwenfamilie springt nacheinander
durch einen Feuerreif.

Mit gespreizten Fingern über den Rücken kratzen
Nur der kleine Löwe läuft einfach darunter
hindurch. Als die Löwen die Manege wieder
verlassen haben, wird es noch spannender.

Linie von einem Schulterblatt zum anderen ziehen
Oben in der Zeltkuppel ist ein langes
Seil gespannt. Alle sind ganz still.

Die Fingerspitzen trippeln auf der „Linie" entlang
Vorsichtig trippelt die kleine Seiltänzerin
von einer Seite zur anderen.

*Alle Massagegriffe durcheinander
auf dem Rücken ausführen*
Am Ende der Vorstellung kommen
noch einmal alle Artisten in die Manege
zurück und verabschieden sich.

Sanftes Klatschen auf dem Rücken
Das Publikum applaudiert noch lange …

*Hände von den Seiten nach innen
streichen und ruhen lassen*
… bis der letzte Artist gegangen ist
und der Vorhang sich wieder schließt.

Danke für diesen spannenden Zirkusbesuch.

Abschlussritual
Nun nimm einen tiefen, langsamen Atemzug,
räkele dich, strecke deine Arme und Beine.
Wenn du die Augen geschlossen hattest, ist
es jetzt Zeit, sie zu öffnen und wieder hierher
zurück zu kommen.
*Fragen Sie Ihr Kind, wie es ihm geht
und ob es ihm gefallen hat.*

Eine Spritztour

Das brauchen Sie:
• Spielzeugauto

Anfangsritual
Fragen Sie Ihr Kind um Erlaubnis.

Auto steht zwischen den Schulterblättern
mit dem Heck Richtung Rücken
Das Auto steht in seiner Garage.

Mit zwei Fingern vom Kopf
zu den Schulterblättern laufen
Ich steige ein …

Rückwärts fahren, Richtung Rücken
… und fahre rückwärts aus der Garage raus.

Rechten Arm hinunter fahren bis zur Hand
Ich fahre die rechte Straße hinunter,
um einen Freund abzuholen.

Rechten Arm wieder hinauf
Er steigt ein und wir fahren die Straße
wieder hinauf.

In Schlangenlinien über den Rücken fahren
Dann geht's weiter in vielen Kurven
durch die große Ebene, …

Das Auto auf dem Po anhalten
… bis wir oben auf einem Berg
angekommen sind. Dort halten wir
an und machen eine kurze Pause.

Rechtes Bein hinunter fahren
Nun fahren wir die rechte Straße
den Berg wieder hinunter ans Meer.

Auto auf der Ferse parken
Wir halten an einer Klippe und
schauen auf das Meer hinunter.

Bein wieder hoch fahren
Nach einer Weile fahren wir wieder zurück.

Linkes Bein hinunter fahren
Wollen wir noch die linke Straße nehmen?
Probieren wir's aus. Auch diese Straße
führt uns ans Meer.

Linkes Bein hinauf fahren
Wir fahren also wieder zum Berg zurück.

Das Auto auf dem Po anhalten
Auf dem Berg halten wir noch einmal an.

Mit vier Fingern spazieren gehen
Wir steigen aus und vertreten uns die Beine.
Der Tag neigt sich dem Ende und wir wollen
noch für ein gutes Essen einkaufen.

In Schlangenlinien über den Rücken fahren
Wir steigen ein und fahren die vielen
Kurven wieder zurück.

Linken Arm hinunter
Die linke Straße rein zum Supermarkt.

Massagen

Traumreisen

Spiele

Auf der Handfläche hin und her fahren
Mit dem Einkaufswagen fahren wir
durch die Gänge und kaufen ein.

Linken Arm hinauf und rechten Arm hinunter
Wir fahren zu meinem Freund …

Auf der Handfläche Kreise fahren
… und kochen dort zusammen das Abendessen.

*Rechten Arm hinauf fahren und das Auto
zwischen den Schulterblättern parken*
Am späten Abend verabschiede ich mich,
fahre zurück nach Hause und parke mein
Auto in der Garage.

Mit zwei Fingern auf den Kopf laufen
Ich steige aus und gehe ins Haus.

Hände um den Kopf legen und halten
Das war also unsere Spritztour mit
dem Auto. Schön war's.

Danke, für den gemeinsamen Ausflug.

Abschlussritual
Nun nimm einen tiefen, langsamen Atemzug,
räkele dich, strecke deine Arme und Beine.
Wenn du die Augen geschlossen hattest, ist
es jetzt Zeit, sie zu öffnen und wieder hierher
zurück zu kommen.
*Fragen Sie Ihr Kind, wie es ihm geht
und ob es ihm gefallen hat.*

Gullivers Reisen

Anfangsritual
Fragen Sie Ihr Kind um Erlaubnis.

Wilde Wellen
Gulliver war ein weit gereister Schiffsarzt.
Einmal kam er mit einem Schiff, das
„Antilope" hieß, in einen schlimmen Sturm.

Den Rücken schaukeln
Das Schiff kam in Seenot und kenterte.

Schwimmbewegungen auf dem Rücken
Gulliver musste sehr weit schwimmen
und erreichte schließlich die Insel Liliput.

Mit beiden Händen über die Beine laufen
Er wanderte ein gutes Stück landeinwärts …

Arme und Beine mit Druck ausstreichen und
Hände an den Knöcheln liegen lassen
… und wurde schließlich sehr müde. Er legte
sich auf den Boden und schlief sofort ein.
Als er am nächsten Morgen aufwachte,
wollte er aufstehen, aber er konnte nicht.
Denn er war mit vielen, vielen dünnen Fäden
an den Boden gefesselt.

Beide Hände umfassen das Bein und gleiten
gegeneinander bis zur Unterlage und wieder
zurück, beginnend von den Knöcheln
bis Mitte Oberschenkel
Seine Beine, …

Weiter am Rücken bis zu den Schultern
… sein Oberkörper, …

von den Schultern über die Arme bis
zu den Handgelenken und zurück
… seine Arme, …

Die Haare vom Ansatz bis zu
den Spitzen ausstreichen
… ja, selbst seine Haare waren festgemacht
worden. Gulliver war überrascht:
Wer hatte das getan, was war hier los?

Danke, dass ich mit dir zusammen
Gullivers Abenteuer erleben durfte.

Abschlussritual
Nun nimm einen tiefen, langsamen Atemzug,
räkele dich, strecke deine Arme und Beine.
Wenn du die Augen geschlossen hattest, ist
es jetzt Zeit, sie zu öffnen und wieder hierher
zurück zu kommen.
Fragen Sie Ihr Kind, wie es ihm geht
und ob es ihm gefallen hat.

Meine Erfahrungen aus der Praxis:
Man kann diese Geschichte auch auf dem Bauch
durchführen. Beachten Sie die Intimsphäre des
Kindes, sparen Sie insbesondere die Brust aus.

Tipp:
Wenn Ihr Kind und vielleicht auch Sie nun
neugierig auf Gullivers Abenteuer in Liliput
und Brobdingnag geworden sind, lesen Sie
doch gemeinsam die ganze Geschichte.

Wir schmücken unseren Tannenbaum

Anfangsritual
Fragen Sie Ihr Kind um Erlaubnis.

Tannenbaum mit flachen Händen
symmetrisch auf den Rücken malen
Hurra! Heute fahren Papa und ich in den Wald
und suchen unseren Tannenbaum aus.

Mit den Fingern laufen
Wir suchen eine Weile, bis wir den
richtigen Baum gefunden haben.

Mit der Handkante am unteren
Rücken Sägebewegungen machen
Nachdem wir uns einen wunderschönen
Baum ausgesucht haben, sägt Papa ihn ab.

Ellenboden am unteren Rücken abstützen
und die Unterarme wie einen Baum sanft
auf den Rücken fallen lassen
Rrrumms! Da plumpst er hin.

Mit den flachen Händen vom Po
zum Nacken hochschieben
Wir ziehen den Baum zum Auto und
legen ihn in unseren Kofferraum.

Mit den Fingerknöcheln
Schlangenlinien streichen
Wir fahren nach Hause.

Tannenbaum mit flachen Händen
symmetrisch auf den Rücken malen
Zu Hause stellt Papa den Baum in der
guten Stube auf. Es ist wirklich ein
schöner großer Baum.

Viereck malen
Mama bringt uns eine Kiste.
Darin ist der Weihnachtsschmuck.

Kerzen malen und auf dem ganzen
Rücken verteilen
Wir befestigen zuerst die Kerzen.

Kugeln mit zwei bis drei Fingern malen
Dann kommen die kleinen Kugeln.

Große Kugeln mit flach aufliegenden
Fingerkuppen malen
Ein paar große Kugeln finden sich
auch noch in der Kiste.

Sterne mit einem Finger malen
Strohsterne kommen auch dazu.

Einen kleinen Stern auf den Nacken malen
Den Kleinen da habe ich selber gebastelt!

*Viele Striche wellenartig auf
dem Rücken verteilen*
Und ganz zuletzt: das Lametta.
Das glitzert so schön.

So, das war es wohl? Ach nein,
da fehlt ja noch was: die Spitze!

Kopf streicheln
Auf unserem Tannenbaum
sitzt in jedem Jahr ein Engel.

👄 *Und was ist bei deinem Tannenbaum
auf der Spitze zu sehen und wie könnte
ich das auf deinen Rücken malen?*

Danke, dass wir zusammen den
Weihnachtsbaum geschmückt haben.

Abschlussritual
Nun nimm einen tiefen, langsamen Atemzug,
räkele dich, strecke deine Arme und Beine.
Wenn du die Augen geschlossen hattest, ist
es jetzt Zeit, sie zu öffnen und wieder hierher
zurück zu kommen.
*Fragen Sie Ihr Kind, wie es ihm geht
und ob es ihm gefallen hat.*

Traumreisen

Alle Kinder hören gern Geschichten, denn Geschichten regen die Fantasie an, fördern die Konzentration und schulen das Gedächtnis. Die Traumreisen in diesem Kapitel können auch zu einer Entspannung der Kinder beitragen.

Die Traumreisen können mit Ihren Kindern zu Hause, in einer Gruppe im Kindergarten oder auch in der Schule durchgeführt werden.

Die Reisen sind nach Themen sortiert, so dass Ihnen die Auswahl leicht fällt und die Traumreise auch mit einer Massagegeschichte zum gleichen Thema kombiniert werden kann.

Sorgen Sie für eine angenehme Atmosphäre und Ruhe im Umfeld. Planen Sie genug Zeit für die Traumreise ein, aber auch etwa 10 Minuten hinterher, damit die Kinder von den Ruheinseln auch wieder zurück kommen können.

Lesen Sie den Text mit ruhiger Stimme vor. Legen Sie immer wieder Pausen ein, damit die Eindrücke wirken können und sich vertiefen. Die Absätze bieten Ihnen dabei eine Orientierung. Sie können aber gern auch langsamer lesen. Manche Sätze werden wiederholt und kommen so besser bei Ihrem Kind an. Beobachten Sie Ihr Kind; mit der Zeit erkennen Sie, wann es zu einer tieferen Entspannung findet.

Für eine gute Entspannung ist es auch wichtig, dass die Kinder während der Traumreise ihre Augen schließen. So können sie die äußeren Bilder besser loslassen und abschalten und sich auf die inneren Bilder einlassen

Als Position für die Traumreisen wählen Kinder häufig die Rückenlage, aber sie können auch eine andere Liegeposition oder bequeme Sitzhaltung einnehmen, in der sie gut entspannen können.

Vorbereitung:

• Bereiten Sie mit Ihrem Kind ein kuscheliges Nest vor.

• Damit das Kind nicht mitten in der Geschichte aufstehen muss, ist es gut, wenn es vorher noch einmal zur Toilette geht.

• Wenn das Kind eine Brille trägt, sollte es diese vorher abnehmen.

• Sorgen Sie für sich: Machen Sie es sich bequem, damit auch Sie während der Traumreise entspannen können.

• Wenn Sie und Ihr Kind möchten, können Sie Entspannungsmusik, passend zum jeweiligen Thema, aussuchen und leise im Hintergrund laufen lassen.

Das brauchen Sie:

- Eine bequeme Liegefläche wie Matte, Bett oder Sofa

- Eine kuschelige Decke und ein paar Kissen

- Das Lieblingskuscheltier

- Sorgen Sie für Ruhe und eine ungestörte Atmosphäre

- Sie können auch mit Ihrem Kind zusammen ein Schild basteln mit der Aufschrift „Bitte nicht stören."

Jede Traumreise beginnt mit einem Anfangsritual, das den Kindern hilft, sich auf die Geschichte einzulassen. Je häufiger Sie eine Traumreise vorlesen und Ihr Kind auf Ruheinseln schicken, desto schneller wird es sich darauf einlassen können.

Ebenso verhält es sich mit dem Abschlussritual, das Ihrem Kind hilft, langsam wieder in „diese Welt" zurück zu kommen.

Beim Abschlussritual ist es sehr wichtig, dass man dies mit einer lauteren Stimme vorliest und nicht mit ruhiger, langsamer Stimme, damit das Kind den Unterschied zwischen Traumreise und Aufwachen merkt.

Sie können auch ein eigenes Anfangs- oder Abschlussritual mit Ihrem Kind entwickeln.

Nach der Traumreise bietet sich die Gelegenheit, mit den Kindern über ihr Erlebnis zu sprechen. Die Kinder können auch ein Bild dazu malen oder eines der Bilder in diesem Buch ausmalen.

Clara Ute Laves

Übersicht über die Traumreisen

Der Frühling kommt

*Anfangsritual – dieses finden Sie
auf der letzten Seite des Buches.*

Es ist Frühling und du läufst durch einen Garten.

Die ersten Sonnenstrahlen wärmen
deinen Körper.

Du riechst den Duft von feuchter Erde.
Ein lauwarmer Wind weht über dein Gesicht.
Die Vögel zwitschern in den Bäumen ihr Lied.

Du schaust nach oben in den Himmel.
Er ist ganz blau und klar. Nur ein paar
kleine Schäfchenwolken ziehen dort entlang.

Ein kleiner Vogel fliegt an dir vorbei.
Es ist ein Rotkehlchen. Du folgst ihm mit
deinem Blick. Er landet in einem Beet.

Dort entdeckst du die ersten Triebe einer
Blume. Was wohl daraus wird?
Eine Tulpe oder eine Osterglocke?
 *Oder welche Frühlingsblume magst du
am liebsten? Was ist deine Lieblingsfarbe?*

Das Rotkehlchen setzt sich auf die Lehne einer
Gartenbank und schaut dich an, als wenn es
dich auffordern will, dich zu ihm zu setzen.

Vorsichtig näherst du dich der Bank und
setzt dich. Das Rotkehlchen schaut dich an
und fliegt dann weg.

Du atmest tief ein und aus.

Kannst du den Frühling riechen?
Das Gras, die Blumen.
 Was riechst du noch?

Kannst du den Frühling hören?
Die Vögel, die Bienen.
 Was hörst du noch?

*Abschlussritual – dieses finden Sie
auf der letzten Seite des Buches..*

Massagen

Traumreisen

Spiele

Im Wald

*Anfangsritual – dieses finden Sie
auf der letzten Seite des Buches.*

Es ist Sommer.

Stell dir vor, du bist in einem Wald.
Über dir siehst du die dichten Baumkronen.
Die Blätter rauschen sanft im Luftzug.

Du liegst auf einem weichen Bett aus Moos
und Blättern. Es riecht nach Blumen, Holz
und Gras.

Du siehst die Sonnenstrahlen hell
durch die grünen Blätter scheinen.
In ihrem Licht tanzen Schmetterlinge.

Vögel sitzen versteckt in den Zweigen der
Bäume und zwitschern. Vielleicht kannst
du sie ja entdecken.
Auf jeden Fall kannst du sie hören.

In der Ferne klingt das Hämmern eines
Spechtes, der sich eine Nesthöhle in
seinen Baum klopft.

Plötzlich raschelt es in der Nähe. Du hebst
den Kopf und siehst ein kleines Reh. Es kommt
vorsichtig näher und fragt: „Darf ich mit dir
kuscheln?" Du nickst, es kuschelt sich an dich
und wärmt dich mit seinem Körper.

Dein Körper ist angenehm warm …
Dein Körper ist angenehm warm.

Du spürst, wie es ruhig ein- und ausatmet.
Auch dein Atem wird ganz ruhig und ihr
atmet im gleichen Rhythmus.

> Meine Erfahrungen aus der Praxis:
> Hier bietet sich eine gute Gelegenheit, die Atmung
> Ihres Kindes zu beobachten. Sie können mit Ihren
> Worten dem Atemrhythmus Ihres Kindes folgen.

Ein und aus … ein und aus … ein und aus.
Du fühlst dich ganz geborgen.

Du bist ganz ruhig und schließt deine Augen.
Der Wind rauscht in den Bäumen, die Vögel
zwitschern und die Sonnenstrahlen, die durch
die Blätter fallen, wärmen sanft deinen Körper.
Du entspannst dich und träumst vor dich hin.

Als du aus deinem Traum aufwachst, hebt
das Reh seinen Kopf. Es steht auf und sagt:
„Dankeschön, mach's gut." Dann geht es
seiner Wege. Kurz hält es noch einmal an
und schaut zurück. Du lächelst ihm zu und
dann verschwindet es im Dickicht.

Bleib noch eine Weile liegen und genieße
den Zauber des Waldes.

*Abschlussritual – dieses finden Sie
auf der letzten Seite des Buches..*

Massagen

Traumreisen

Spiele

Am Meer

*Anfangsritual – dieses finden Sie
auf der letzten Seite des Buches.*

Es ist Sommer, die Sonne scheint.

Stell dir vor, du sitzt an einem Strand. Du spürst den Sand an deinen Füßen, den du auch durch deine Finger rieseln lässt. Spürst du die warmen Sonnenstrahlen an deinen Körper?

Dein Körper ist angenehm warm …
Dein Körper ist angenehm warm.

Du schaust auf das weite, blaue Meer hinaus.

Kleine Wellen plätschern leise an den Strand und umspülen warm deine Zehen.

In der Ferne siehst du kleine Boote mit schneeweißen Segeln.

Du beschließt schwimmen zu gehen. Das Wasser ist angenehm warm. Du schwimmst auf dem Rücken im warmen Wasser.

Dein Körper ist im Wasser angenehm warm …
Dein Körper ist im Wasser angenehm warm.

Dann stupst dich etwas leicht am Arm. Es ist ein kleiner Seehund. Vorsichtig streckst du deine Hand nach ihm aus und streichelst ihn. „Willst du mit mir spielen?" fragt der Seehund und ihr schwimmt nebeneinander durch das warme Wasser. Der Seehund schwimmt um dich herum, wie bei einem Tanz. Ihr habt viel Spaß und genießt die Zeit miteinander.

Langsam wird es Zeit zurückzukehren. Der Seehund begleitet dich zurück in das seichte Wasser in der Nähe des Strandes.

Dort verabschiedest du dich von dem Seehund. Er stupst dich zum Abschied noch einmal mit seiner Nase und schaut dich mit seinen treuen Augen an: „Danke, liebes Menschenkind. Es war schön, dass wir uns begegnet sind." Dann taucht er unter Wasser und schwimmt davon. Ob du ihn wohl noch einmal wiedersehen wirst?

Jetzt gehst du an Land und kuschelst dich in dein Handtuch.

Du setzt dich in den warmen Sand und spürst ihn an deinen Füßen und zwischen deinen Fingern.

Deine Füße und deine Hände sind angenehm warm … Deine Füße und deine Hände sind angenehm warm.

Dann schaust du noch eine Weile auf das Meer hinaus und träumst vor dich hin.

*Abschlussritual – dieses finden Sie
auf der letzten Seite des Buches..*

Der Herbststurm

*Anfangsritual – dieses finden Sie
auf der letzten Seite des Buches.*

Der Herbststurm liegt in einer geschützten
Ecke des Gartens und schläft. Er schnarcht so
laut, dass das Gras zittert und die Sträucher
sich hin und her bewegen.

Ganz tief und fest schläft der Herbststurm.
Und atmet tief ein und aus.
Ein und aus. Ein und aus.

Plötzlich stupst ihn etwas an der Schulter.
„He, da! Aufgewacht! Ich will nun hier liegen!"

Der Herbststurm reckt und streckt sich und
gähnt: „Wer stört mich da? Ich hab doch so
schön geträumt!"

„Ich bin es, der Sommerwind. Ich bin nun
auch müde und nun bist du einmal dran,
lieber Herbststurm. Du hast nun wirklich
genug geschlafen."

Nun ist der Herbststurm auf einmal ganz wach
und plötzlich freut er sich riesig. Gern räumt
er seinen Platz in der Gartenecke und überlässt
sie dem Sommerwind.
Er sagt noch: „Mach's gut, Sommerwind.
Schlaf' gut und träum' etwas Schönes."

Dann geht der Herbststurm auf seine Reise
durch das Land. Und was er alles anstellt!
Man kann richtig merken, dass er sich lange
ausgeruht hat.

Er schüttelt das Obst von den Bäumen.
Und er lässt die bunten, goldenen Blätter
der Bäume in der Luft umher wirbeln.
Er blättert in einer Zeitung, die auf einer
Parkbank liegen geblieben ist.
Er fegt die Straßen sauber.
Er rüttelt an den Rollläden der Häuser.
An der Küste peitscht er die Wellen, so dass
Schaumkronen entstehen.

Das sieht sehr schön aus. Die Blätter fliegen in
Scharen sacht von den Bäumen herab durch
die Herbstluft. Sanft fallen sie zur Erde nieder
und machen keinen Laut.

Sie sammeln sich zu kleinen Haufen, als
wollten sie sich gegenseitig beschützen.

Igel finden unter den Blätterhaufen ihr
warmes Winterquartier.

Der Herbst ist eine sehr schöne Jahreszeit.
Schaut einmal genau hin, dann seht ihr da
draußen bestimmt noch mehr Sachen, die
der Herbststurm anstellt.

*Abschlussritual – dieses finden Sie
auf der letzten Seite des Buches..*

Massagen

Traumreisen

Spiele

Massagen

Traumreisen

Spiele

Im Winter

*Anfangsritual – dieses finden Sie
auf der letzten Seite des Buches.*

Stell dir vor, du wachst an einem Samstag-
morgen auf und über Nacht hat sich alles in
eine weiße Winterwelt verwandelt.
Es hat geschneit.

Du stehst auf, ziehst dich mollig warm an
und läufst aus dem Haus.

Oh, draußen ist es sehr kalt! Du ziehst deine
Mütze etwas tiefer in dein Gesicht.

Deine Hände reibst du aneinander,
damit sie schön warm werden.

Der Schnee sieht aus wie Puderzucker.

Kleine Schneeflocken tanzen um dich herum.
Du öffnest deinen Mund und versuchst, mit
deiner Zunge einige Flocken zu fangen.

Mit deinen Stiefeln stapfst du durch den
Schnee. Du bleibst stehen und schaust dir
die Spuren an, die du im Schnee entdeckst.

Neben deinen eigenen Fußspuren siehst
du die Spuren einer Katze und die eines
kleinen Vogels.

Dann stapfst du weiter
durch den dicken Schnee.

Übermütig lässt du dich in den dicken Schnee
plumpsen und breitest deine Arme und Beine
aus. Du liegst einen Moment ganz still und
schließt deine Augen.

Hörst du, wie leise die Flocken fallen?

Du spürst, wie einige Schneeflocken auf dein
Gesicht fallen und durch die Wärme deiner
Haut zu Wassertropfen schmelzen.

Du bist ganz ruhig und entspannt.

In der Nähe singt ein Vogel.

Ob es wohl der Vogel ist, dessen Spuren
du vorhin gesehen hast?

In deiner Phantasie öffnest du deine Augen und
schaust dich um. Kannst du ihn entdecken?

Vorsichtig stehst du auf und schaust dir den
Abdruck deines Körpers im Schnee an.
Er sieht aus wie ein Engel.

Du bekommst etwas Hunger.
Dein Bauch fängt langsam an zu knurren,
denn du hast ja noch nicht gefrühstückt.

Deshalb gehst du ins Haus zurück, wo es schon nach Frühstück duftet. Wonach riecht es?

In der Küche ist es kuschelig warm. Beim Frühstück schaust du aus dem Fenster und freust dich über den schönen Schnee.

Du überlegst, was du nachher draußen mit deinen Freunden noch alles entdecken möchtest.

Abschlussritual – dieses finden Sie *auf der letzten Seite des Buches..*

Ein Abend im Advent

Fügen Sie in die Geschichte an den gekennzeichneten Stellen (…) die Person ein, die das Kind auf der Reise begleiten soll.

Anfangsritual – dieses finden Sie auf der letzten Seite des Buches.

Es ist Winter. Vorweihnachtszeit. Draußen ist es sehr kalt. Du hast heute Abend etwas ganz Schönes vor, du möchtest auf den Weihnachtsmarkt gehen. Eingekuschelt in deine dicke Winterjacke, deinen kuscheligen Schal, deine warme Mütze und die dicken Handschuhe machst du dich zu Fuß, an der Hand von … auf den Weg.

Langsam geht ihr durch die festlich mit Sternen und Lichterketten geschmückten Gassen. Aus den Fenstern der Häuser fällt Licht auf die Straße und du kannst drinnen die Menschen beim Abendbrot sehen. Ihr nähert euch dem Marktplatz und schon von weitem hörst du Weihnachtslieder.

Du freust dich auf den Weihnachtsmarkt! Ihr biegt um eine Hausecke und dann siehst du den Weihnachtsmarkt vor dir. Der Duft von Lebkuchen, Tannenbäumen und Gewürzen steigt in deine Nase. Du atmest tief ein und aus, ein und aus. Es duftet einfach köstlich!

Du schaust dir alle Stände ganz genau an. Du entdeckst Spielzeug aus Holz, Weihnachtskugeln aus Glas, Kerzen aus Bienenwachs und natürlich viel leckeres Naschwerk: gebrannte Mandeln, Maroni, Honigkuchen, Lebkuchen, Bratwurst, Punsch.

… kauft dir an einem Stand eine Tüte gebrannte Mandeln und dazu trinkst du einen Becher warmen Kinderpunsch. Der schmeckt wunderbar nach Zimt und Weihnachtsgewürzen. Der warme Becher wärmt deine Hände und der Punsch wärmt dich von innen.
Dir wird angenehm warm. Angenehm warm. Du fühlst dich wohl.

Du kommst am Pferdekarussell vorbei. Es ist schon sehr alt und eine noch ältere Orgel spielt dazu Weihnachtsmusik.

„Möchtest du eine Runde fahren?" fragt ….
„Oh ja!" sagst du und schon geht es zu dem großen, weißen Pferd mit dem grünen Sattel und den lieben Augen.
Es ist einfach toll, Runde um Runde zu drehen, der weihnachtlichen Musik zu lauschen und den wunderbaren Weihnachtsduft zu riechen!

Tief atmest du ein und aus, ein und aus.
Du bist ganz erfüllt von den wunderbaren
Erlebnissen auf dem Weihnachtsmarkt, wirst
müde und möchtest wieder nach Hause.
Ihr macht euch langsam auf den Heimweg
und geht zurück durch die Straßen, vorbei
an den schön beleuchteten Häusern.

Du kommst bei euch zu Hause an.

*Abschlussritual – dieses finden
Sie auf der ausklappbaren Seite
des hinteren Umschlags.*

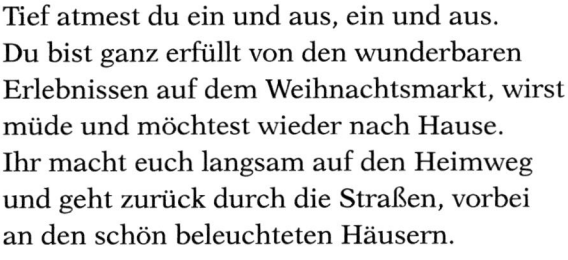

Reise durch den Körper

Erfahrungen aus der Praxis:
Damit das Kind den Unterschied zwischen Anspannung und Entspannung noch bewusster wahrnehman kann, leiten Sie es in dieser Geschichte an, die Bewegungen zweimal hintereinander durchzuführen. Legen Sie nach dem ersten Mal eine kleine Pause ein, um die Körperwahrnehmung Ihres Kindes zu unterstützen.

Anfangsritual – dieses finden Sie
auf der letzten Seite des Buches..

Ich lade dich zu einer Reise durch
deinen Körper ein.

Wir beginnen mit deinen Zehen, damit kannst
du wackeln. Wackele mal. Und noch einmal.
Spürst du deine Zehen?

Auch deine Füße kannst du einmal
hin und her bewegen. Hin und her.
Und noch einmal. Spürst du deine Füße?

Nun mach einmal deine Beine ganz stramm, aber
nur kurz, dann entspanne deine Beine wieder.
Und noch einmal. Spürst du deine Beine?

Jetzt sind deine Finger an der Reihe.
Lege deine Hand flach auf den Boden neben
deinen Körper. Nun bewege nacheinander
deine Finger. Erst den Daumen, dann den
Zeigefinger, den Mittelfinger, den Ringfinger
und zuletzt den kleinen Finger.
Und noch einmal. Spürst du deine Finger?

Balle nun deine Hände zu Fäusten.
Drücke mal ganz stark deine Hand zusammen,
dann entspanne deine Hand wieder, öffne sie
und lege sie auf dem Boden ab.
Und noch einmal. Spürst du deine Hände?

Strecke nun deine Arme ganz durch,
aber nur kurz, dann lasse sie wieder locker.
Und noch einmal. Spürst du deine Arme?

Wir sind bei deinem Kopf angekommen.
Rolle deinen Kopf langsam einmal
von der einen Seite zur anderen.
Und noch einmal. Spürst du deinen Kopf?

Nun hebe ihn kurz an und lege ihn wieder ab.
Und noch einmal. Spürst du, wie schwer dein
Kopf sein kann?
Nun darf sich dein Kopf wieder ausruhen.

Deine Augen können sich bewegen, auch
unter den geschlossenen Augenlidern.
Versuche sie einmal hin und her zu bewegen.
Und noch einmal. Spürst du deine Augen?

Nun bewege deine Zunge im geschlossenen
Mund. Erkunde mit der Zunge deinen Mund.
Berühre mit der Zungenspitze von innen
deine Zähne und deine Lippen.
Und noch einmal. Spürst du deine Zunge?

Dein Körper übernimmt auch Aufgaben, die du nicht selbst bewusst beeinflussen kannst. Sie passieren ganz von allein. Bleibe nun einmal ganz still liegen und lege eine Hand auf deine Brust und die andere auf den Bauch. Was spürst du?

Deine Brust und dein Bauch gehen rauf und runter, rauf und runter. Atme langsam ein und aus, ein und aus.
Spürst du deine Atmung?

Vielleicht kannst du ja sogar spüren, wie dein Herz schlägt. Das ist gar nicht so einfach. Meistens schlägt es ruhig und langsam, dann bemerkst du es gar nicht.
Nur manchmal kannst du dein Herz sehr gut spüren. Zum Beispiel, wenn du aufgeregt oder schnell gerannt bist.

Dies war eine Reise durch deinen Körper. Er kann so viele wunderbare Dinge!

Vielleicht entdeckst du in deinem Alltag immer wieder einmal Momente, in denen du deinen Körper spürst.

Abschlussritual – dieses finden Sie auf der letzten Seite des Buches..

Tipp:
Um dem Kind ein Bild für seinen Körper zu vermitteln, können Sie dessen Umrisse aufmalen. Dazu legt sich das Kind auf eine Tapetenrolle und Sie malen mit einem dicken Stift an den Körperrändern entlang. Das Kind kann dann „seinen Körper" aus- und anmalen.

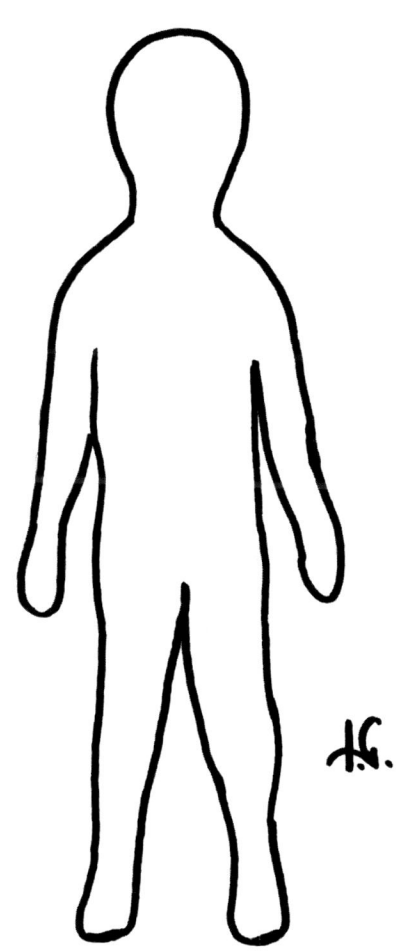

Massagen

Traumreisen

Spiele

Eine Pause für die Augen (im Sitzen am Tisch)

Meine Erfahrungen aus der Praxis:
Diese Geschichte hat sich in der Schule bewährt.
Sie können die Traumreise auch im Liegen durchführen. Dann liegen die Kinder in Bauchlage und
legen die Augen in die Handinnenflächen.

Das brauchen Sie:
Ein Kissen

Das bereiten Sie vor:
Das Kind sitzt auf einem Stuhl. Vor ihm liegt
ein Kissen auf dem Tisch, auf das es während
der Geschichte den Kopf legen kann.

Hier mit einem etwas anderen Anfangsritual:
Mach es dir auf deinem Stuhl bequem.
Ich warte einen Moment.

Schau dich noch einmal um, horche auf
die Geräusche im Raum. Alles das wird
dich nun nicht mehr stören.
Jetzt bist nur noch du wichtig.

Ganz ruhig und entspannt liegt dein Kopf
auf dem Kissen. Deine Augen liegen warm in
deinen Handflächen. Fühle genau hin. Ist es
dir auch wirklich bequem, drückt nichts mehr?
Wenn doch, kannst du nun gern noch etwas
ändern. Wichtig ist, dass es dir gut geht.

Du atmest ruhig und gleichmäßig ein und aus,
ein und aus, ein und aus. So ist es gut.

Reibe deine Hände aneinander, bis sie ganz
warm sind. Wenn du möchtest, kannst du
deine Hände auch noch etwas durchkneten.
Dein ganzer Körper ist angenehm locker
und warm.

Schließe jetzt deine Augen.
Sie haben genug gesehen und können
einmal nach innen schauen, welche Bilder
bei unserer Traumreise entstehen.

Lege deinen Kopf so auf das Kissen,
dass deine geschlossenen Augen auf
deinen Handflächen ruhen.

Wenn du möchtest, kannst du nun meiner
Einladung zur Traumreise folgen.
Stell dir vor, deine Hände sind eine Decke.

Sie ist wunderbar warm und deine Augen
werden so richtig in die Decke eingehüllt.
Die kuschelige Decke beschützt deine Augen.

Fühlst du, wie angenehm warm das ist?
Unter dieser Decke lässt es sich
herrlich träumen!

Deine Augen können sich nun ganz schön
ausruhen und tanken viel Kraft.

Nimm nun langsam deine Hände von den
Augen und lege dich mit deinem Kopf bequem
auf dein Kissen, so wie du es gerne magst.

Halte die Augen noch etwas geschlossen.
Spüre deine Augen und fühle den Unterschied.
Was ist dir angenehmer, vorher unter der warmen Decke deiner Hände oder ohne die Hände?
Deine Augen sind nun ganz ausgeruht
und werden wieder ganz wach.
Du atmest nun tief ein und aus und streckst
die Arme und Beine. Nun öffnest du langsam
die Augen, setzt dich auf und findest dich
wieder im Raum zurecht.

Vielleicht magst du mir erzählen, wie sich deine
Augen unter der warmen Decke gefühlt haben?

*Abschlussritual – dieses finden Sie
auf der letzten Seite des Buches..*

Wissenswertes über die Augen:
Unsere Augenmuskeln stehen selten still. Selbst
im aktiven Schlaf sind sie tätig. Etwa 80 % aller
Informationen nehmen wir über die Augen auf.
Pro Sekunde geben die Augen etwa zehn Millionen
Informationen an das Gehirn weiter.
Unsere sechs äußeren Augenmuskeln bewegen das
7,5 Gramm leichte Sehorgan mehr als 100.000 Mal
pro Tag in die verschiedenen Richtungen.
Auch im Inneren verrichten Muskelfasern ständig
Schwerstarbeit, um unsere Augenlinse auf Nah-
und Fernsehen einzustellen.
Unsere Pupille sorgt durch Öffnen und Schließen
für den richtigen Lichteinfall. Unser Sehvermögen
verbraucht ein Viertel aller Energien.
Unsere Augen sind die aktivsten Muskeln des
ganzen Körpers.

Massagen

Traumreisen

Spiele

Der kleine Löwe Simba

Anfangsritual – dieses finden Sie
auf der letzten Seite des Buches..

Der kleine Löwe Simba hatte einen anstrengen-
den Tag. Er ist sehr müde und muss gähnen:
huaaah! Gerade hat seine Mutter ihn massiert.

Ja, auch Löwenmütter massieren ihre Kinder.
Nein, nicht mit den Pfoten – mit der Zunge!
Spürst du deine Zunge in deinem Mund?
Bewege sie einmal hin und her, lecke von innen
deine Lippen, fahre mit der Zungenspitze von
innen deine Zähne entlang. Fühlst du? So
massierst du deinen Mund mit deiner Zunge.

Ganz dicht liegt Simba bei seiner Mutter.
Sie berühren sich, das ist schön kuschelig
und warm.

Simba kann den Atem seiner Mutter spüren.
Ihr Bauch geht rauf und runter,
rauf und runter.

Simba legt sich eine Pfote auf den Bauch.
Oh ja, auch der geht rauf und runter,
rauf und runter.

Und dann ist Simba eingeschlafen.

Er träumt …

… er träumt, dass er langsam durch die Steppe
streift und seine Beine bewegen sich im Traum.
Siehst du Simba durch das hohe Gras gehen?

Seine Pfoten greifen in die Luft, weil er einen
wunderschönen Schmetterling fangen will.
Es ist ein bunter Schmetterling,
der in vielen Farben schimmert.
Stell dir den Schmetterling vor.

Dann öffnet Simba langsam seine Augen, er
blinzelt. Oh, es wird schon hell! Langsam stellt
er sich auf alle Viere und macht einen Löwen-
Katzenbuckel. Er streckt seine Arme und seine
Beine. Und seine Mutter tut es ihm nach.

Und zum Schluss:
Da bekommt er einen Guten-Morgen-Kuss!
Simba ist schon ein ganz schön großer,
kleiner Löwe.

Abschlussritual – dieses finden Sie
auf der letzten Seite des Buches..

Sophie, die kleine Schildkröte

Anfangsritual – dieses finden Sie
auf der letzten Seite des Buches..

Ich erzähle Euch nun die Geschichte
von Sophie, der kleinen Schildkröte.

Alles was Sophie tut, tut sie sehr l a n g s a m.

Morgens streckt sie ihren Kopf langsam aus
ihrem Panzer heraus und schaut sich langsam
um. Kopf nach links, Kopf nach rechts und
Kopf nach links und Kopf nach rechts.

Dann knabbert sie langsam ein
grünes Blatt zum Frühstück.
Mjam, mjam, mjam.

Und trinkt langsam einen kleinen
Tropfen Wasser hinterher.
Schlüüürrrfff.

Dann beschließt sie, nach längerem Überlegen,
einen Spaziergang zu machen.

So kriecht sie langsam von einer Blume
zur nächsten.

Als sie ungefähr bei der fünften Blume
angekommen ist, macht Sophie eine
kleine Pause, weil sie müde wird.

Langsam zieht sie sich in ihren Panzer zurück
und macht ein Schläfchen.

Ganz ruhig atmet sie ein und aus, seufzt leise,
atmet ein und aus, seufzt laut, und wacht
wieder auf.

Vorsichtig streckt sie ihren Kopf aus ihrem
Panzer, blinzelt und setzt sich langsam
wieder in Bewegung.

Sie hält noch einmal unterwegs an und isst zur
Stärkung langsam ein grünes Blatt.
Mjam, mjam, mjam.

Hinterher trinkt sie noch langsam
einen mittelgroßen Tropfen Wasser.
Schlüüüüüürrffff.

Und dann stapft sie langsam weiter.

Was sie wohl heute noch alles erlebt?

Sie ist schon ganz gespannt,
aber auch schon wieder sehr müde.

Träume noch ein wenig von Sophie,
der kleinen Schildkröte und ihren Erlebnissen.

Abschlussritual – dieses finden Sie
auf der letzten Seite des Buches..

Massagen

Traumreisen

Spiele

Die kleine Maus Pieps in den Wolken

*Anfangsritual – dieses finden Sie
auf der letzten Seite des Buches..*

Die kleine Maus Pieps macht einen Ausflug
über die wunderschöne Blumenwiese vor
ihrer Höhle.

Mit ihren kleinen Pfötchen läuft sie
durchs weiche Gras.

Ein Stück vor sich entdeckt sie einen kleinen
Vogel, der über die Wiese fliegt. Pieps schaut
ihm hinterher und sieht ihn in den Himmel
fliegen. Sie legt sich ins Gras und schaut
sehnsüchtig in die Wolken.

Sie denkt bei sich, dass es sicherlich ein
tolles Gefühl wäre, wenn man in den Himmel
hinein fliegen und alles einmal von oben an-
sehen könnte.

Da bemerkt sie plötzlich, wie eine weiße
Schäfchenwolke sanft zur Wiese herabschwebt.
Kurz vor Pieps macht sie Halt.

„Hallo", sagt die Wolke mit einer zarten Stimme. „Wenn du Lust hast, kannst du es dir auf
mir bequem machen. Dann kannst du so
fliegen, wie du es dir gerade gewünscht hast!"
Pieps strahlt vor Freude und klettert auf die
Wolke.

Auf der Wolke ist es weich und kuschelig.
Pieps macht es sich in aller Ruhe bequem und
fühlt sich vollkommen wohl und geborgen.

„Können wir los?" fragt die Wolke. „Na klar!"
antwortet Pieps. Und da hebt sich die Wolke
ganz vorsichtig und fliegt immer höher und
höher in den strahlend blauen Himmel hinein.

Pieps liegt ganz ruhig und entspannt auf
der weichen Wolke. Ihr Körper fühlt sich angenehm schwer an. Pieps fühlt sich so frei
und unbeschwert hier oben und genießt
das wunderbare Gefühl zu fliegen.

Die kleine Maus staunt darüber, wie die Welt
von oben aussieht. Und was man alles sehen
kann – einfach toll!

Eingekuschelt in die Wolke fliegt sie
über Wiesen und Felder, …

… über einen Wald, …

… dann entdeckt sie unter sich auch noch
einen kleinen See, …

… Hügel und auch ein kleines Dorf mit
Menschen, die klein sind wie Mäuse.

Die Wolke sinkt und sie nähern sich
einer wunderschönen Blumenwiese ...
Ach! Das ist ja ihre Blumenwiese –
das Zuhause unserer kleinen Maus.

Die Wolke landet sanft auf der Wiese
neben Pieps' Höhle und Pieps klettert
von ihr herunter.

Tief atmet sie den Duft
ihrer Wiese ein und aus.

Zum Abschied sagt die Wolke: „Wenn du
wieder einmal Lust auf eine kleine Wolkenreise hast, schließe einfach deine Augen
und denke fest an mich!"
Dann fliegt sie in Richtung Himmel davon.

Pieps fühlt sich wunderbar ausgeruht
und voller Kraft.

Das war eine schöne Wolkenreise.

*Abschlussritual – dieses finden Sie
auf der letzten Seite des Buches..*

Spiele zur Körperwahrnehmung

Kinder lernen in erster Linie über Bewegung und Berührung. Das Wort „Begreifen" hat also auch ganz viel mit dem tatsächlichen Fühlen zu tun.

In diesem Kapitel erhalten Sie Ideen und Anregungen, um bei Ihrem Kind über Fühlen, Bewegen und Begreifen ein ganzheitliches Erleben und Lernen mit allen Sinnen zu fördern. Es sind einfache Spiele, die auch mit wenig Kostenaufwand leicht selber herzustellen sind.

Am Anfang jeden Spieles finden Sie in einem grauen Balken drei Kriterien, die Ihnen die Auswahl erleichtern möchte:
- Die **Art des Spiels**,
  ob zum Thema Wahrnehmung, Fühlen, Hören, Erkennen oder Berührung.
- Die **Personenzahl**,
  für die das Spiel gedacht ist.
- Die **Dauer**,
  mit ungefähren Zeitangaben. Planen Sie beim ersten Mal lieber etwas mehr Zeit ein.

Am besten lesen Sie sich die Anleitung erst einmal ganz durch, um einen Überblick zu bekommen, worum es geht und was Sie zur Durchführung brauchen.

Viele Spiele können auch mit Gruppen durchgeführt werden, dann gehen die Kinder oft als Paar zusammen. Es gibt dabei eine wichtige Regel: Es dürfen ausschließlich positive Berührungen gegeben werden. Die Kinder sind einmal in der Rolle des Gebenden und dann in der Rolle des Empfangenden. Einerseits wird hierbei die Eigenwahrnehmung der Kinder unterstützt: „Was mag ich? Was gefällt mir am wenigsten? Was tut mir gut?" Aber auch die Erfahrung: „Ich gebe etwas, was dem Anderen gefällt." oder was der Andere vielleicht auch einmal nicht so gern mag. Ein sich Ab- und „An"grenzen zum Anderen, ohne verletzt zu werden und verletzend zu sein, kann dadurch auch geübt werden. Ein Anliegen der Spiele ist es, dass die Kinder ein gegenseitiges Einfühlungsvermögen erlernen und die Achtung füreinander gefördert werden kann.

Die meisten Spiele eignen sich ab einem Alter von 3 bis 4 Jahren, nur beim Spiel „Planeten erfühlen" sollten die Kinder schon im Vorschulalter sein. Natürlich können kleinere Kinder auch eher an einzelne Spiele herangeführt werden, wenn die Kinder dazu bereit sind und sich einlassen möchten. Um dann das Erraten ein wenig zu erleichtern, können Sie Fragen stellen wie: „War das Symbol ein Kreis oder ein Viereck?"

Auch in diesem Kapitel finden Sie Anregungen, um mit Ihrem Kind in die Interaktion zu gehen.

Zum Schluss der Spiele bietet sich eine Austauschrunde mit dem Kind oder der Gruppe an. Hier können die Kinder über ihr Erlebnis berichten und jeder kann erzählen, was ihm am besten gefallen hat und was am wenigsten.

Clara Ute Laves

Übersicht über die Spiele zur Körperwahrnehmung

Massagen

Traumreisen

Spiele

Auf der Blumenwiese

Das wird unterstützt:

Wahrnehmung des Gesichts

> Meine Erfahrungen aus der Praxis:
> Das Gesicht ist eine empfindliche Körperregion.
> Manche Menschen brauchen Zeit, um sich auf eine
> Berührung im Gesicht einzulassen. Um die zarten
> Berührungen eines Tuches kennen zu lernen, kön-
> nen Sie diese Berührungsgeschichte auch erstmal
> auf dem Rücken beginnen. Dann ändern Sie die
> Praxisanleitung entsprechend ab.

Das brauchen Sie:

• Ein leichtes Tuch, am besten ein Seidentuch

Wie auch bei den Massagegeschichten
finden Sie in diesem Spiel
erst die Anleitung, was Sie machen
und dann die Geschichte.

Kreis mit dem Tuch um das Gesicht
Heute ist wunderbar warmes Wetter und ich
liege bei herrlichem Sonnenschein auf einer
wunderschönen Blumenwiese.

Tuch über Gesicht ziehen
Es weht ein leichter Wind und
streichelt die Blüten.

Mit der Fingerspitze auf die Nase tupfen
Da fliegt ein kleiner Sonnenkäfer durch
die Luft und setzt sich auf eine Blüte, …

An einer anderen Stelle tupfen
… fliegt weiter und landet auf
der nächsten Blüte.
👄 *Wie schwer soll der Käfer sein?*

Tuch über das Gesicht ziehen
Eine kleine Windbö trägt einen
Schmetterling über die Wiese.

S-förmige Striche mit der Tuchspitze über Gesicht
Die Blüten duften so gut. Das riecht auch
eine kleine Biene, die Nektar sucht, um
Honig zu machen.

An verschiedenen Stellen drehen
Sie nippt mal hier und mal dort.

Das Tuch auf das Gesicht legen
Langsam wird es dunkel. Die Blumen
schließen ihre Blüten und schlafen ein.
Auch die Tiere sind wieder geborgen in
ihrem Zuhause.
Gute Nacht, ihr lieben Blumen und Tiere.
Morgen komme ich wieder.

Massagen · Traumreisen · Spiele

Nun nimm einen langsamen Atemzug,
räkele dich, strecke deine Arme und Beine.
Wenn du die Augen geschlossen hattest,
ist es jetzt Zeit, sie zu öffnen und wieder
hierher zurück zu kommen.

Tipp:
Wenn das Kind aufsteht,
kann es das Tuch selber
vom Gesicht nehmen.

*Abschlussrunde – Alle setzen sich im Kreis
zusammen und sprechen über ihr Erlebnis.
Jeder kann erzählen, was ihm am besten
gefallen hat und was am wenigsten.*

Massagen

Traumreisen

Spiele

Wettermassage (wie Stille Post)

Das wird unterstützt:
Wahrnehmung des Rückens
und des Körperbildes

Das brauchen Sie:
- Evtl. Sitzkissen

Kleidung:
Dünner Pullover oder T-Shirt

Und so geht es:
Die Teilnehmer sitzen hintereinander
im Kreis oder in einer Linie.
Der Hinterste denkt sich eine Wetterart
aus und malt sie bei seinem Vordermann auf den
Rücken. So geht es die ganze Schlange durch,
bis zum Ersten. Der sagt dann, was für ein
Wetter er gefühlt hat.

Meine Erfahrungen aus der Praxis:
Anfangs erst einmal bis zu drei Wetterarten
ausprobieren und nach und nach erweitern. Oft
bringen die Kinder auch eigene Beispiele mit ein.

Beispiele:
- Sonne: mit der flachen Hand
  eine Sonne malen

- Regentröpfchen: mit den Fingern
  viele kleine Punkte machen

- Regenschauer: mit allen zehn Fingern
  auf dem Rücken prasseln

- Wind: sanft über den Rücken streichen

- Sturm: wild über den Rücken streichen

- Hagel: mit den Fingerknöcheln
  Punkte machen

- Schnee: mit den Fingerkuppen
  ganz sanft einzelne Punkte machen

- Blitz: einen Blitz zeichnen

- Donner: mit den Fäusten vorsichtig trommeln

- Regenbogen: einen Regenbogen malen

*Abschlussrunde – Alle setzen sich im Kreis
zusammen und sprechen über ihr Erlebnis.
Jeder kann erzählen, was ihm am besten
gefallen hat und was am wenigsten.*

Wahrnehmungsspiel · In der Gruppe · 10 Minuten

Die Natur mit den Sinnen wahrnehmen

Das wird unterstützt:
Tastsinn, Geruchssinn, Geschmackssinn

Fühlen

Das brauchen Sie:
- Stoffsäckchen, Größe ca. 3 Liter
  oder ca. 25 x 30 cm

- Verschiedene Dinge aus der Natur
  oder auch trockene Lebensmittel

Das bereiten Sie vor:
Es werden auf einem Spaziergang mit den
Kindern verschiedene Dinge aus der Natur
mitgenommen, z. B. ein Stöckchen, ein Stein,
ein Stück Moos, ein Schneckenhaus, ein Tan-
nenzapfen etc.
Oder man nimmt einfach trockene Lebensmittel, wie z. B. Erbsen, Linsen, Bohnen, Reis etc.

Und so geht es:
Diese Dinge stecken wir nun in ein Säckchen
und die Kinder können sie ertasten.

Riechen

Das brauchen Sie:
- Plastikbecher oder -schalen.

- Augenbinden

- „Duftstoffe" aus der Natur oder Küche

Das bereiten Sie vor:
Die Kinder sammeln Dinge, die unterschiedlich
riechen, z. B. Moos, Gras, Tannennadeln oder
Gartenkräuter wie Pfefferminzblätter, Rosma-
rinblätter, Basilikum oder auch Obst.

Und so geht es:
Alle Dinge, die gesammelt wurden, werden
einzeln in Plastikbecher oder -schalen gelegt.
Den Kindern werden die Augen verbunden
und sie riechen an den einzelnen Bechern.
Wenn man nicht sammeln gehen möchte,
kann man auch in der Apotheke verschiedene
Kräuter und Tees kaufen. Die Apotheken-
mitarbeiter beraten da sicher gern.

Schmecken

Das brauchen Sie:

• Teller

• Obst oder Gemüse

• Augenbinden

> Meine Erfahrungen aus der Praxis:
> Ich empfehle, Obst und Gemüse auseinander zu
> halten; so können sich die Kinder auch besser mer-
> ken, was zu Obst und was zu Gemüse gehört.

Und so geht es:
Den Kindern werden die Augen verbunden.
Dann verschiedene heimische Früchte auf
Tellern anrichten und die Kinder schmecken
lassen, um welche Frucht es sich handelt.
Das Gleiche kann man auch mit Gemüse
machen.

*Abschlussrunde – Alle setzen sich im Kreis
zusammen und sprechen über ihr Erlebnis.
Jeder kann erzählen, was ihm am besten
gefallen hat und was am wenigsten.*

Massagen

Traumreisen

Spiele

Berührungsspiel · Zu zweit · 15 Minuten

Dein Gesicht

Das wird unterstützt:
Wahrnehmung des Gesichts

Das brauchen Sie:
• Weichen Haarpinsel

• Becher mit Wasser, wenn der Pinsel
  nass eingesetzt wird

Und so geht es:
Lesen Sie den Text vor und die Kinder
folgen der Anleitung:

Du hast ein schönes Gesicht. Ich umrande
die Form deines Gesichts mit meinem Pinsel.

Das ist deine Stirn.
Ich zeichne Wellen auf deine Stirn.

Deine Augenbrauen zeichne ich
mit dem Pinsel nach.

Das ist deine Nase. Ich zeichne den
Nasenrücken und die Nasenflügel.

Nun schließ deine Augen. Ganz sanft streiche
ich mit dem Pinsel über deine Augenlider.

Wenn du möchtest, kannst du deine
Augen nun wieder öffnen.

Ich male kleine Punkte auf deine Wangen.

Ganz vorsichtig zeichne ich deine Lippen nach.
Erst außen herum, dann auf den Lippen.

Ich setze einen großen Klecks auf dein Kinn.

Nun werde ich deine Ohren nachzeichnen.
Den Ohrenrand, von oben bis zu den Ohrläppchen. Ich kitzele dich ein wenig am Ohrloch.

Du hast wirklich ein schönes Gesicht.
Ich umrande die Form deines Gesichts.

*Abschlussrunde – Alle setzen sich im Kreis
zusammen und sprechen über ihr Erlebnis.
Jeder kann erzählen, was ihm am besten
gefallen hat und was am wenigsten.*

Meine Erfahrungen aus der Praxis:
Viele Kinder finden diese Geschichte sehr lustig.
Sie machen aber nicht immer die Augen zu, son-
dern wollen mitbekommen, was passiert.
Erwachsene und auch Kinder empfinden es oft als
angenehmer, wenn der Pinsel möglichst immer im
Kontakt mit dem Gesicht bleibt.

Massagen

Traumreisen

Spiele

Berührungsspiel · Gruppe · 15 Minuten

Berührungskette

Das wird unterstützt:
Wahrnehmung des Rückens
und des Körperbildes

Das brauchen Sie:
• Evtl. Sitzkissen

Kleidung:
Dünner Pullover oder T-Shirt

Und so geht es:
Die Kinder setzen sich hintereinander
oder im Kreis.
Das erste Kind denkt sich eine Berührung
aus und gibt sie an den Vordermann weiter,
bis die Berührungskette beim ersten Kind
wieder angekommen ist.
Dann ist das nächste Kind dran, sich eine
andere Berührung auszudenken.

Beispiele:
• Über die Haare streicheln.

• Den Rücken streicheln.

• Den Rücken kraulen.

• Die Arme rollen.

• Ein Wetter auf dem Rücken machen
(siehe Wettermassage).

• Was fällt den Kindern noch ein?

*Abschlussrunde – Alle setzen sich im Kreis
zusammen und sprechen über ihr Erlebnis.
Jeder kann erzählen, was ihm am besten
gefallen hat und was am wenigsten.*

Massagen

Traumreisen

Spiele

Massagespiel · Zu zweit oder Gruppe · 10 Minuten

Wünsch dir was

Das wird unterstützt:
Wahrnehmung des gewünschten
Körperbereiches

Das brauchen Sie:
- Evtl. Sitzkissen

- Unterlage wie Matte oder Decke

Kleidung:
Dünner Pullover oder T-Shirt

Und so geht es:
Kind A ist das aktive Kind und bietet eine
Berührung an, Kind B ist das empfangende
Kind und darf sich eine Berührung wünschen
(z. B. Rücken massieren, Rücken kraulen,
Nacken kneten, Haare streicheln, Bauch
massieren, Füße knubbeln …).
Kind A fragt, ob es anfangen darf. Nachdem
die Zustimmung von Kind B erfolgt ist, führt
es die gewünschte Berührung ca. 1–2,5 Minuten
aus. Kind A fragt zwischendurch einmal, ob
die Berührung angenehm ist oder ob es etwas
anders machen kann.
Dann kann die Übung noch einmal mit dieser
oder einer anderen Berührung, die Kind B sich
wieder wünschen darf, durchgeführt werden.

Danach tauschen die Kinder die Positionen
und wir fangen von vorne an.

*Abschlussrunde – Alle setzen sich im Kreis
zusammen und sprechen über ihr Erlebnis.
Jeder kann erzählen, was ihm am besten
gefallen hat und was am wenigsten.*

Meine Erfahrungen aus der Praxis:
Nach einem Streit kann dieses Spiel, nach voraus-
gehender mündlicher Schlichtung, eingesetzt werden. Durch diese positive Berührungserfahrung
können die Kinder oft wieder besser aufeinander
zugehen.

Massagen

Traumreisen

Spiele

Fühlpfade für die Füße

Das wird unterstützt:
Tastsinn der Füße

Kleidung:
Barfuß oder dünne Socken

Das brauchen Sie:
• Augenbinde oder mehrere Augenbinden
  entsprechend den Zweiergruppen

Fühlpfad 1:
• 6 Kisten, groß genug für die Füße
• Füllung: z. B. Steine, Stroh, Watte, Sand,
  trockene Blätter, weiche Tücher, Kastanien,
  Eicheln, Papierknäuel, Getreidekörner etc.
  Was fällt den Kindern noch ein?

Fühlpfad 2:
• Teppichstücke mit verschiedenen Strukturen,
  groß genug für die Füße (erhältlich in
  Baumärkten, z. T. sogar kostenlos) oder
  verschieden strukturierte Fußmatten.
  Diese werden auf dem Boden verteilt.

Fühlpfad 3: für draußen
• Felder mit verschiedenen Materialien,
  Größe ca. 40 x 40 cm, z. B. mit Gras, Sand,
  Erde, Matsch, Wasser, Heu, großen Steinen,
  kleinen Steinen …
  Was fällt den Kindern noch ein?
• Es empfiehlt sich, an das Ende des
  Fühlpfades ein Behältnis mit Wasser
  zu setzen, da so die schmutzigen Füße
  gleich wieder sauber werden (Wasser
  nach jedem Kind wechseln).

Wissenswertes über die Füße:
Mit unseren Füßen haben wir eine Vielzahl an
Wahrnehmungsmöglichkeiten: Sie sind sehr
empfindlich und registrieren jede feine Berührung.
Man kann mit ihnen Strukturen erkennen, Wärme
und Kälte empfinden, Unterschiede zwischen hart
und weich und auch Vibrationen fühlen.
Unsere Füße tragen uns unser Leben lang.
Würde man die Strecke messen, würden sie
uns mehrmals um den Erdball tragen.

Und so geht es:
Die Kinder finden sich zu zweit zusammen.
Kind A leitet Kind B, dem die Augen verbun-
den werden, vorsichtig über den Fühlpfad.
Wenn kleinere Kinder teilnehmen, führt ein
Erwachsener.

Für den begleitenden Erwachsenen bietet sich
hier die Gelegenheit, das Kind bei den verschiedenen Fühlabschnitten zu fragen: „Was
fühlst du? Ist es warm oder kalt, hart oder
weich, schön für die Füße oder auch nicht?"

*Abschlussrunde – Alle setzen sich im Kreis
zusammen und sprechen über ihr Erlebnis.
Jeder kann erzählen, was ihm am besten
gefallen hat und was am wenigsten.*

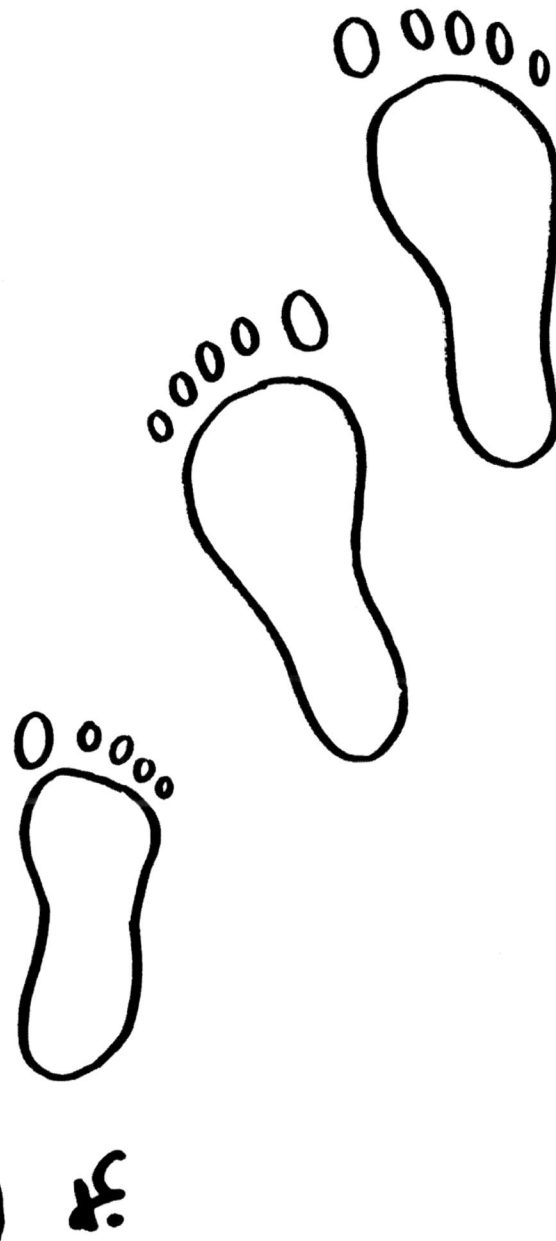

Wahrnehmungsspiel · Zu zweit oder Gruppe · 20 Minuten

Stein und Feder

Das wird unterstützt:
Wahrnehmung des Körperbildes

Das brauchen Sie:
- Augenbinde oder mehrere Augenbinden entsprechend den Zweiergruppen
- Verschiedene Materialien, z. B. Feder, Stein, Pinsel, Igelball, Tennisball, Tuch, kleines Spielzeugauto etc.

Kleidung:
Dünner Pullover oder T-Shirt, evtl. kurze Hose

Und so geht es:
Die Kinder finden sich zu zweit zusammen.
Kind B bekommt die Augen verbunden.
Nun sucht sich Kind A drei Gegenstände aus und fragt Kind B, wo es berührt werden möchte: an den Armen, Beinen oder im Gesicht?
Dann nimmt Kind A den ersten Gegenstand und berührt Kind B damit langsam an dem gewünschten Körperteil.
Sollte Kind B unsicher sein, um welchen Gegenstand es sich handelt, kann Kind A einmal mehr oder einmal weniger Druck beim Berühren ausüben. Hat Kind B den Gegenstand erraten, folgt der nächste.
Danach wird gewechselt.

Abschlussrunde – Alle setzen sich im Kreis zusammen und sprechen über ihr Erlebnis. Jeder kann erzählen, was ihm am besten gefallen hat und was am wenigsten.

Dieses Spiel eignet sich gut zum Einstieg in die Kindermassage.

Meine Erfahrungen aus der Praxis:
Kindern, die Schwierigkeiten haben, den Gegenstand zu erraten, kann man eine Hilfestellung geben, indem man die Möglichkeiten eingrenzt und z. B. fragt: „Ist das ein Igelball oder ein Tennisball?"
Bei berührungsempfindlichen Kindern (Über- oder Unterempfindlichkeit) kann man den Druck entsprechend anpassen.

Ruheinseln

Wer bist du?

Das wird unterstützt:
Gruppendynamik

Das brauchen Sie:
• Augenbinde

Und so geht es:
Als erstes bekommt ein Kind die Augen verbunden und setzt sich hin. Die anderen Kinder setzen sich im Kreis um das Kind herum. Nun krabbelt das Kind aus der Mitte los. Wenn es bei einem Kind angekommen ist, versucht es durch Befühlen der Hände, der Arme, des Gesichtes und der Haare herauszufinden, um welches Kind es sich handelt. Meint es, das Kind zu erkennen, sagt es dessen Namen. Es darf mehrmals geraten werden. Dann ist das Kind an der Reihe, das erkannt wurde. Die Kinder im Kreis tauschen ihre Plätze, nachdem dem Kind in der Mitte die Augen verbunden wurden.

Abschlussrunde – Alle setzen sich im Kreis zusammen und sprechen über ihr Erlebnis. Jeder kann erzählen, was ihm am besten gefallen hat und was am wenigsten.

Meine Erfahrungen aus der Praxis:
Um die Intimsphäre der Kinder zu wahren, wird vorgegeben, dass nur Hände, Arme, Gesicht und Haare berührt werden sollen. Gegebenenfalls können die Hände des fühlenden Kindes geführt werden.

Die Sonne in meiner Hand

Das wird unterstützt:
Tastsinn

Das bereiten Sie vor:
• Schüssel mit Bohnen, Sand, Getreidekörnern oder Ähnlichem

• mehrere kleine Gegenstände:
z. B. Stern, Kugel, kleiner Bauklotz etc.

• Augenbinde oder mehrere Augenbinden entsprechend den Zweiergruppen

Und so geht es:
Wir stellen den Kindern die Gegenstände als Objekte aus dem Weltraum vor: die Kugel als Sonne, den Bauklotz als Raumschiff, usw. Was sehen die Kinder noch in den Gegenständen, was zum Thema Weltraum passt? Alle Gegenstände werden in der mit z. B. Sand gefüllten Schüssel versteckt. Die Kinder suchen mit geschlossenen oder auch verbundenen Augen einen vorher benannten Gegenstand.

Abschlussrunde – Alle setzen sich im Kreis zusammen und sprechen über ihr Erlebnis. Jeder kann erzählen, was ihm am besten gefallen hat und was am wenigsten.

Massagen

Traumreisen

Spiele

Fühlspiel zur Planetenfolge · Gruppe · 30 Minuten

Planeten erfühlen

Das wird unterstützt:
Tastsinn, experimentelles Lernen

Das brauchen Sie:
• 6 Schalen, groß genug für Kinderhände

• In der Tabelle beschriebenes Material

• Augenbinden

• Dünne Geschirrtücher für
Wärmflasche und Kühlakku oder Eiswürfel

Das bereiten Sie vor:
Mit den Kindern zusammen besprechen Sie
die verschiedenen Oberflächen der einzelnen
Planeten und Sterne.

Und so geht es:
Die Kinder erfühlen mit verbundenen Augen
den Inhalt der Schalen und versuchen sie
entsprechend zuzuordnen.

*Abschlussrunde – Alle setzen sich im Kreis
zusammen und sprechen über ihr Erlebnis.
Jeder kann erzählen, was ihm am besten
gefallen hat und was am wenigsten.*

Tipp:
Sie können dieses Spiel auch erweitern, indem
Sie zusammen mit den Kindern herausfinden, wie
die hier nicht genannten Planeten beschaffen sind
und wie sie sich anfühlen könnten.

Wissenswertes:
Viele von uns haben die Reihenfolge der Planeten
noch durch den Spruch „**M**ein **V**ater **e**rklärt **m**ir
jeden **S**onntag **u**nsere **n**eun **P**laneten." (Merkur,
Venus, Erde, Mars, Jupiter, Saturn, Uranus, Neptun, Pluto) gelernt.
Pluto wird inzwischen von der IAU (Internationale
Astronomische Union) seit August 2006 nicht
mehr als Planet anerkannt.
Vielleicht können Sie sich ja mit Ihrem Kind
gemeinsam einen neuen Spruch überlegen?
Er könnte zum Beispiel heißen: „**M**ein **V**ater **e**rklärt **m**ir **j**eden **S**onntag **u**nseren **N**achthimmel."

Himmelskörper	Beschaffenheit der Oberfläche	Material für die Schalen
Sonne (Stern)	Ihre Oberfläche besteht aus glühendem Material und ist sehr heiß.	Wärmflasche mit heißem Wasser (in dünnes Tuch wickeln, damit die Kinder sich nicht verbrennen)
Mars (Planet)	Der Mars ist ein Wüstenplanet.	Feiner Sand
Uranus (Planet)	Dieser Planet hat einen festen Kern und einen Mantel aus Eis.	Eiswürfel oder Kühlakkus
Erde (Planet)	Die Erdoberfläche besteht zu 70 % aus Wasser und nur zu einem kleinen Teil (ca. 30 %) aus festem Land.	Wasser mit einem mittelgroßen Stein darin
Saturn (Planet)	Der Saturn ist ein felsiger Planet.	Kantige Steine
Mond (Erdtrabant)	Die Mondoberfläche ist mit Sand und Steinen bedeckt und hat viele Gebirge und Täler.	Schotter

Fühlspiel · Einzeln oder Gruppe · 15 Minuten

Formen erfühlen

Das wird unterstützt:
Tastsinn, Zuordnung von Formen

Das brauchen Sie:

• Säckchen, groß genug für zwei Kinderhände

• Gegenstände, z. B. Bauklötze in verschiedenen Formen und doppelter Ausführung

• Kärtchen, auf denen die verschiedenen Formen der Bauklötze abgebildet sind

Und so geht es:
In ein Säckchen werden Bauklötze in verschiedenen Formen gegeben.
Wir legen ein Kärtchen, auf dem eine Form abgebildet ist, in die Mitte. Die Kinder versuchen nun durch Fühlen den richtigen Bauklotz aus dem Säckchen zu holen.

Alternativ kann man statt der Kärtchen auch Gegenstände oder Bauklötze in die Mitte legen, die den im Säckchen enthaltenen Formen entsprechen.

Dieses Spiel lässt sich sehr gut verändern:

Variante 1:
Alle Bauklötze oder Gegenstände liegen in der Mitte auf dem Tisch oder im Kreis.
Den Kindern werden die Augen verbunden.
Wir geben einen Bauklotz herum und legen ihn dann wieder zurück.
Nachdem die Kinder die Augenbinde abgenommen haben, sagen sie, um welche Form es sich gehandelt hat.

Variante 2:
Durch Fühlen herausfinden, um welches Material es sich handelt: Holz, Glas, Plastik etc.

Variante 3:
Mit verschieden langen Holzstäbchen.
Durch Fühlen herausfinden, welches das Größere oder Kleinere ist.

Fallen Ihnen und den Kindern noch mehr Möglichkeiten ein?

Abschlussrunde – Alle setzen sich im Kreis zusammen und sprechen über ihr Erlebnis. Jeder kann erzählen, was ihm am besten gefallen hat und was am wenigsten.

Fühlspiel · Einzeln oder Gruppe · 20 Minuten

Tastkiste

Das wird unterstützt:
Tastsinn, Zuordnung von Formen

Das brauchen Sie:
- Einen Karton, groß genug für Gegenstände und Kinderhände
- Zwei alte Pulloverärmel
- 6 Gegenstände in doppelter Ausführung

Das bereiten Sie vor:
Schneiden Sie in den Karton zwei Löcher für die Hände. Befestigen Sie die Pulloverärmel so an den Löchern, dass man in den Karton greifen, aber nicht schauen kann.

Und so geht es:
6 Gegenstände werden in die Kiste hineingelegt. Die 6 Gegenstücke dazu legen wir gut sichtbar neben oder auf die Kiste.

Das Kind greift nun durch die Pulloverärmel hindurch und ordnet durch Tasten die Gegenstände zu.

Abschlussrunde – Alle setzen sich im Kreis zusammen und sprechen über ihr Erlebnis. Jeder kann erzählen, was ihm am besten gefallen hat und was am wenigsten.

Wahrnehmungsspiel · Paar oder Gruppe · 20 Minuten

Ich mal' dir ein Bild

Das wird unterstützt:
Wahrnehmung des Rückens
und des Körperbildes

Das brauchen Sie:
- Kärtchen mit Symbolen: Kreis, Dreieck,
Quadrat, Stern; was fällt Ihnen noch ein?

Und so geht es:
Die Kinder bilden zwei Kreise, einen Innen-
und einen Außenkreis. Der Innenkreis sitzt
mit dem Rücken zum Außenkreis.
Die Kärtchen liegen aufgedeckt in der Mitte
des Kreises.
Das hinten sitzende Kind A wählt mit den
Augen ein Symbol aus, verrät dieses aber
nicht, sondern malt dieses auf den Rücken
des vor ihm sitzenden Kindes B.
Kind B versucht das Symbol zu erraten.

**Ideen zum Verändern oder
Erweitern des Spiels:**
- Die Symbole können auch auf
die Handinnenfläche gemalt werden.

- Für Vorschulkinder kann man statt Symbolen Buchstaben oder Zahlen verwenden.

- Kind B kann mit einem Stift auf ein Papier
malen, was es gefühlt hat.

*Abschlussrunde – Alle setzen sich im Kreis
zusammen und sprechen über ihr Erlebnis.
Jeder kann erzählen, was ihm am besten
gefallen hat und was am wenigsten.*

Meine Erfahrungen aus der Praxis:
Kleinere Kinder kann man durch Führen
des Fingers beim Malen unterstützen.

Fühlspiel · Einzeln oder Gruppe · 15 Minuten

Tast-Memory

Das wird unterstützt:
Tastsinn, Zuordnen von Oberflächenstrukturen

Das brauchen Sie:
- Karten aus festem Karton (10 x 10 cm) oder Bierdeckel

- Augenbinde oder mehrere Augenbinden entsprechend den Zweiergruppen

- Materialien mit unterschiedlichen Oberflächen: Schleifpapier/Schmirgelpapier, Stoff, Fell, Plastikfolie, Jute ...
  Fallen Ihnen noch weitere Materialien mit unterschiedlichen Oberflächen ein?

Das bereiten Sie vor:
Von den Materialien je zwei Stück passend zuschneiden und auf den Karton kleben, so dass man je ein Kartenpaar erhält.

Und so geht es:
Dem Kind werden die Augen verbunden und es bekommt in die eine Hand eine Karte. Mit der anderen Hand befühlt das Kind die anderen Karten und versucht, die passende Memorykarte zu finden. Weiter spielen, bis alle Kartenpaare zugeordnet sind.

Abschlussrunde – Alle setzen sich im Kreis zusammen und sprechen über ihr Erlebnis. Jeder kann erzählen, was ihm am besten gefallen hat und was am wenigsten.

Meine Erfahrungen aus der Praxis:
Für den Einstieg empfehle ich nicht mehr als 5 Kartenpaare, um die Möglichkeiten einzuschränken und den Kindern ein Erfolgserlebnis zu ermöglichen.
Um den Schwierigkeitsgrad noch zu erhöhen, kann man auch ein Tast-Memory aus Schleifpapier verschiedener Körnung vorbereiten.

Massagen

Traumreisen

Spiele

Hör-Spiel · Einzeln oder Gruppe · 30 Minuten

Geräusch-Memory

Das wird unterstützt:
Gehör und Konzentration

Das brauchen Sie:
- 10–16 Filmdosen oder
  gelbe Innenteile vom Ü-Ei

- Reis, Bohnen, Murmeln, Sand, Sonnen-
  blumenkerne, kleine Steine, Büroklammern,
  Watte. Überlegen Sie mit den Kindern noch
  weitere Füllmöglichkeiten.

Das bereiten Sie vor:
Sie befüllen je zwei Dosen mit gleichem Inhalt,
so dass Sie am Ende 5–8 Paare haben. Wichtig:
Um den Klang vergleichbar zu machen, immer
die gleiche Menge abfüllen. In zwei Dosen kommen z. B. je 1 g Reis oder je zwei Bohnen usw.

Und so geht es:
Durch Schütteln der Dosen versuchen die
Kinder die Paare richtig zuzuordnen.
Beginnen Sie mit zwei Paaren, damit die
Kinder ihr Gehör schulen können und Übung
bekommen. Nach und nach können Sie dann
weitere Paare dazunehmen und so die
Schwierigkeitsstufen erhöhen.

*Abschlussrunde – Alle setzen sich im Kreis
zusammen und sprechen über ihr Erlebnis.
Jeder kann erzählen, was ihm am besten
gefallen hat und was am wenigsten.*

Hör-Spiel · Gruppe · 20 Minuten

Aus welcher Richtung?

Das wird unterstützt:
Gehör und räumliche Orientierung

Das brauchen Sie:
- Rasseln oder Zeitungspapier

- Augenbinde

Und so geht es:
Ein Kind ist mit verbundenen Augen in
der Mitte, die anderen Kinder werden auf
die vier Ecken des Raumes verteilt.
Jetzt ist es wichtig, dass es ganz leise ist.
Dann zeigen Sie auf ein Kind und dieses
raschelt mit dem Zeitungspapier. Das Kind
in der Mitte zeigt in die Richtung, aus der
das Geräusch kommt.
Wenn das Kind sich nicht sicher ist, kann es
das Geräusch auch noch ein zweites Mal hören.

*Abschlussrunde – Alle setzen sich im Kreis
zusammen und sprechen über ihr Erlebnis.
Jeder kann erzählen, was ihm am besten
gefallen hat und was am wenigsten.*

Meine Erfahrungen aus der Praxis:
Wenn das Spiel zu zweit gespielt wird, ist es wichtig, dass die Person, die die Geräusche macht, ganz
leise die Ecken wechselt.

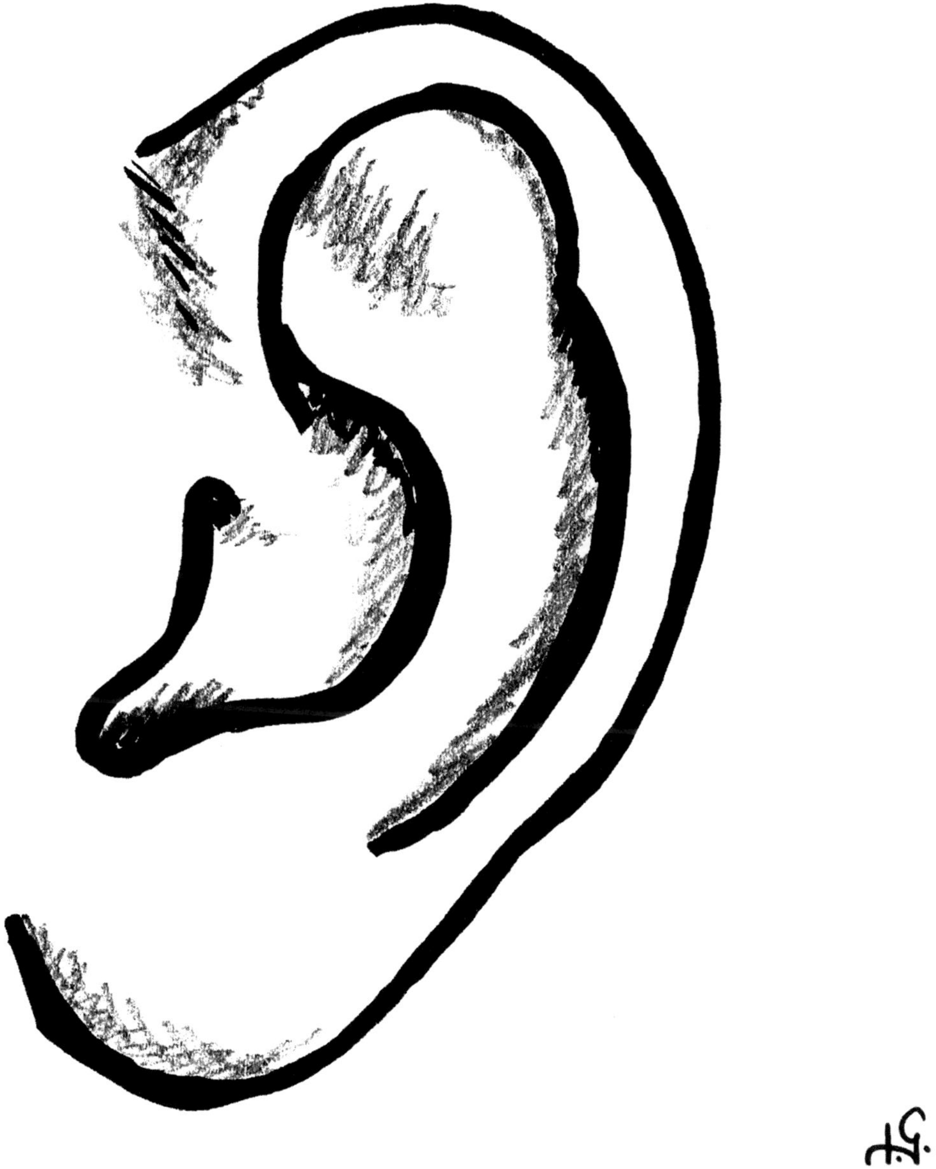

Mit allen Sinnen genießen

Das wird unterstützt:
Die 5 Sinne und Konzentration

Das brauchen Sie:
- Ein schönes Tuch für die „Insel der Mitte"
- Materialien aus der Tabelle unten
- CD-Spieler mit Entspannungsmusik, die Sie während des Spiels leise laufen lassen

Das bereiten Sie vor:
- Sorgen Sie für ein stimmungsvolles Licht, Sie können den Raum auch etwas abdunkeln.
- Gestalten Sie mit den Kindern eine „Insel der Mitte", wobei Sie die Materialien des Spiels mit einbeziehen.

Meine Erfahrungen aus der Praxis:
Die Salzstangen und die Öle bleiben beim Übungsleiter und werden erst bei Bedarf hervorgeholt.

Sinn	Das brauchen Sie	So geht es
Sehen	Eine große Kerze	Was macht die Flamme? Ist sie still oder flackert sie? Steigt vielleicht sogar leichter Qualm auf?
Hören	Entspannungsmusik mit zusätzlichen Hintergrundgeräuschen (Vögel, Wellen, Wale)	Welche Geräusche hören die Kinder? Gibt es noch andere Geräusche außer der Musik im Raum?
Fühlen	Verschiedenartige Steine (glatte und kantige) oder verschiedene Muscheln	Jedes Kind nimmt eine Muschel oder einen Stein und befühlt den Gegenstand genau. Ist er glatt oder rau? Warm oder kalt?
Schmecken	Salzstangen	Mit unserer Zunge können wir bitter, sauer, salzig und süß unterscheiden. Jedes Kind nimmt zwei oder drei Salzstangen und isst sie ganz langsam auf. Wie schmecken sie?
Riechen	Verschiedene duftende Öle auf Taschentücher träufeln	Jedes Kind riecht an den Ölen. Welcher Duft könnte das sein? Welcher gefällt den Kindern besonders, welcher gar nicht?

Massagen

Traumreisen

Spiele

So geht es:

In diesem Spiel werden nacheinander die Sinne angesprochen. Jeder Abschnitt dauert etwa 3–4 Minuten. Nur für den Tastsinn empfiehlt es sich, mehr Zeit einzuräumen. Die Kinder sitzen im Kreis um die „Insel der Mitte".

Abschlussrunde – Alle setzen sich im Kreis zusammen und sprechen über ihr Erlebnis. Jeder kann erzählen, was ihm am besten gefallen hat und was am wenigsten.

Im Anschluss kann jedes Kind seinen Lieblingsduft auf einem Papiertaschentuch mit nach Hause nehmen.

Massagen

Traumreisen

Spiele

Wie dieses Buch entstanden ist

Meine Motivation für dieses Buch ist, Familien zu stärken und eine positive Kommunikation zu fördern. Ich hoffe, Sie als Eltern anzuregen, sich Ruheinseln mit Ihren Kindern im Alltag zu schaffen. Ich erlebe mit meinen Kindern: In der Ruhe liegt die Kraft – die Kraft für ein harmonisches Zusammenleben in der Familie.

Ich bin verheiratet und Mutter von zwei tollen Söhnen. Von Beruf bin ich eigentlich Pharmazeutisch-Technische Assistentin. Aus Liebe zu meinen Kindern habe ich mich entschieden, nach ihrer Geburt zu Hause zu bleiben. Über sie entdeckte ich dann meine Begeisterung für die Arbeit mit Kindern und Eltern. 2006 entschloss ich mich, eine Ausbildung zur Kursleiterin für Kindermassage bei der Deutschen Gesellschaft für Baby- und Kindermassage e. V. zu machen. Schon während der Ausbildung schrieb ich meine erste Massagegeschichte: „Der kleine Löwe Simba". Als Kursleiterin kamen immer mehr Geschichten hinzu, auch durch die Wünsche der Kinder, die meine Kurse besuchten. Und so entstand dann die Idee zu diesem Buch.

Seit April 2010 arbeite ich mit großer Freude auch als Tagesmutter. So kann ich nun alles unter einen Hut bringen, was mir Freude macht: Familie, Beruf, die Kindermassage und das Schreiben.

Ich hätte ja nie gedacht, dass ich mal ein Buch schreibe. Aber hier ist es nun und ich bin wirklich froh, dass ich es mit Hilfe von lieben Menschen geschafft habe.

Wem ich danke sage

Meiner Familie – Ihr habt mir immer wieder Mut gegeben weiter zu machen, habt mich unterstützt und aufgebaut. Und Ihr habt so manches Mal auf mich verzichten müssen, wenn ich am PC saß. Danke. Ich liebe Euch.

Clara Ute Laves – Du hast mir mit Deiner Erfahrung zur Seite gestanden und das Buch durch Deine unübertrefflichen Einfälle und Ideen sehr bereichert. Durch Deinen Einsatz und Deine Einführungen zu den Kapiteln ist mein Rohdiamant zum Diamanten geworden. Danke Dir sehr.

Kindergarten Ostgroßefehn – Ihr habt mich bei Euch aufgenommen und mir Gelegenheit gegeben, meine Ideen alle auch einmal auszuprobieren. Dadurch wurde das Buch schon vor der Veröffentlichung getestet und auf Herz und Nieren geprüft. Gibt es ehrlichere Prüfer als Kinder? Ich danke Euch allen.

Thordis Zwartjes – Durch Dich bin ich Kursleiterin für Kindermassage geworden. Du als meine Ausbilderin hast mir die Welt der Kindermassage nahe gebracht. Dafür danke ich Dir.

Und nicht zuletzt danke ich allen, die dieses Buch vor der Veröffentlichung Korrektur gelesen haben: **Marlies Müller, Ursula Hummel, Christine Laves-Osterloh, Annette Berggötz, Susanne Feldmann, Nicole Rahr, Anke Schuh und Karin Schlemminger.**

Ina Alice Gerdes, Oktober 2010

Eine Auswahl von Büchern zum Weiterlesen

... zum Thema Massage

Kinder respektvoll berühren · Ein Begleitbuch für die Kindermassage „Berührung mit Respekt®".
Annette Berggötz, Clara Ute Laves, infantastic Verlag, 2007

... zum Thema Körperwahrnehmung

Sensorische Integration im Dialog · Verstehen lernen und helfen, ins Gleichgewicht zu kommen.
Ulla Kiesling, Verlag Modernes Lernen, 2010

Sternenstaub & Lichterglanz · Eine spielerische Schatzkiste für die Advents- und Weihnachtszeit,
Bewegen, Basteln, Turnen und Spaßhaben.
Sonja Janssen, Julia Alberts, Illustrationen: Simone Pahl, Ökotopia Verlag, 2009

... zum Thema kindliche Entwicklung

Kinderjahre · Die Individualität des Kindes als erzieherische Herausforderung.
Remo H. Largo, Pieper, 2010

Anfangsritual

Mach es dir bequem und kuschele dich
in deine Decke. Ich warte einen Moment.

Schau dich noch einmal um, horche auf
die Geräusche im Raum. Alles das wird
dich nun nicht mehr stören. Jetzt bist
nur noch du wichtig.

Ganz ruhig und entspannt liegst du auf
deiner Unterlage. Fühle genau hin.
Ist es dir auch wirklich bequem,
drückt nichts mehr?
Wenn doch, kannst du nun gern noch etwas
ändern. Wichtig ist, dass es dir gut geht.

Du atmest ruhig und gleichmäßig
ein und aus,
ein und aus,
ein und aus.
So ist es gut.

Dein ganzer Körper ist nun angenehm
locker und warm.

Schließe jetzt deine Augen. Sie haben genug
gesehen und können einmal nach innen
schauen, welche Bilder bei unserer
Traumreise entstehen.

Wenn du möchtest, kannst du nun
meiner Einladung zur Traumreise folgen.

Abschlussritual

Noch mit ruhiger Stimme vorlesen
Genieße noch für einen Moment die Ruhe.

Mit voller Stimme etwas lauter vorlesen
So, nun ist die Reise zu Ende.
Komme langsam wieder in den Raum
zurück, wo wir gestartet sind.
Ich zähle nun von 5 bis 0 und gebe dir
bei jeder Zahl eine Anweisung:

5 – atme tief ein und aus.

4 – strecke deine Arme.

3 – strecke kräftig deine Beine.

2 – öffne deine Augen.

1 – schau dich um.

0 – finde dich im Raum zurecht.

Hallo, herzlich willkommen zurück!